Sonya Mai

ALLEIN MIT KIND · BAND 6
Getrennt mit Baby – Eine emotionale Reise

Für Ernestine

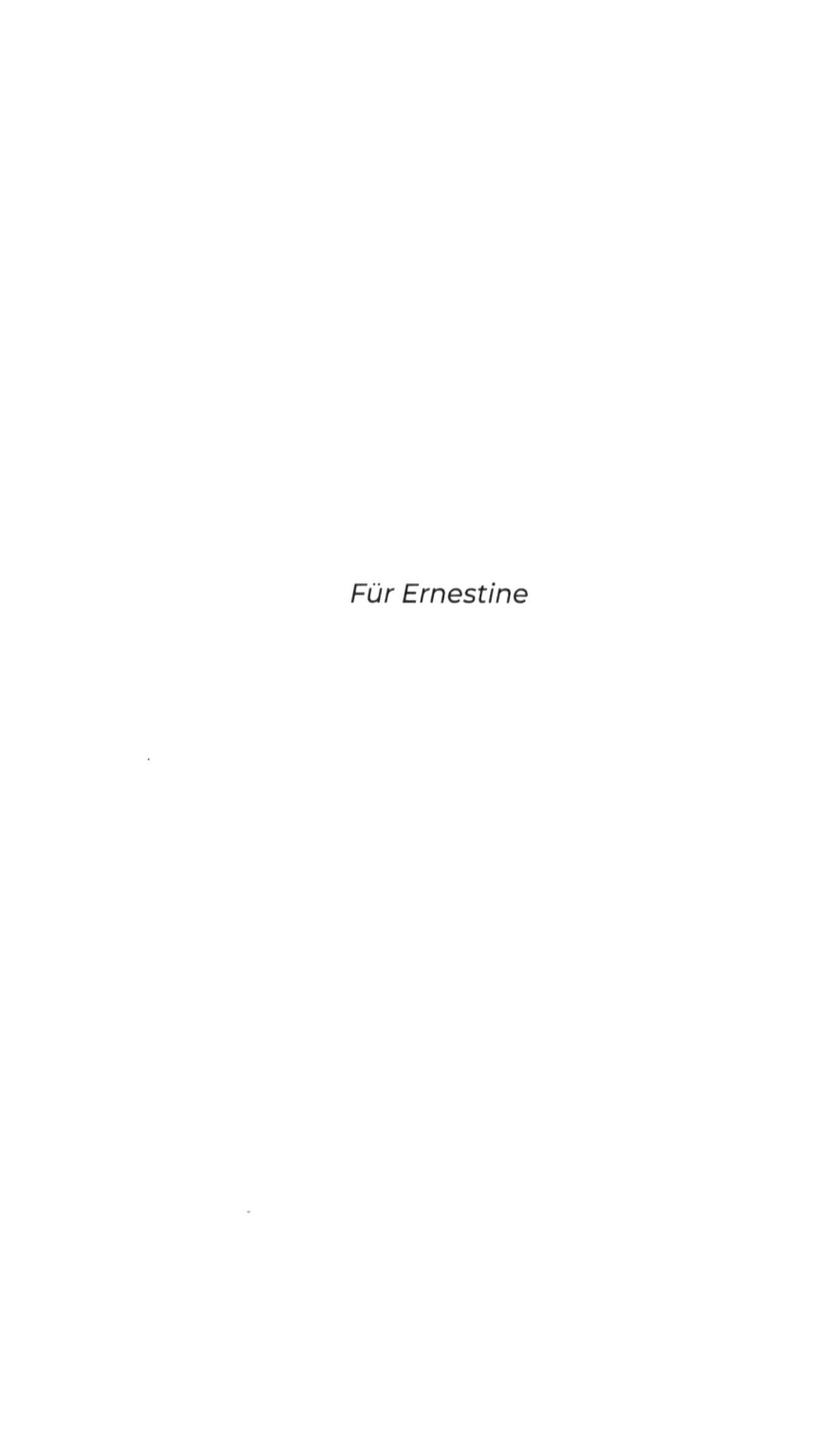

Sonya Mai

ALLEIN MIT KIND · BAND 6

Getrennt mit Baby - Eine emotionale Reise

Von explodierten Traumschlössern, sich lichtendem Nebel und neuen Ufern

Diese Buchreihe gibt Einblicke in das echte Leben allein mit Kind/ern

Disclaimer
Dieses Buch ist nach bestem Wissen und Gewissen erarbeitet worden. Alle Angaben sind ohne Gewähr. Die Autorin haftet nicht für eventuelle Nachteile oder Schäden, die aus den im Buch gegebenen Hinweisen und Tipps entstanden sind. Dieses Buch kann keine ärztliche oder therapeutische Begleitung ersetzen.

Copyright @ 2024 Sonya Mai. Alle Rechte vorbehalten.
Für den Inhalt der angegebenen Websites ist der jeweilige Anbieter ausschließlich verantwortlich.

Lektorat: Christina Rinkl, trennungalschance.de
Design und Buchsatz: Silke Wildner, silkewildner.de
Bilder: Sonya Mai

Bibliografische Information der Deutschen Nationalbibliothek
Die Deutsche Nationalbibliothek verzeichnet diese Publikation in der Deutschen Nationalbibliografie; detaillierte bibliografische Daten sind im Internet über dnb.dnb.de abrufbar.

Verlag: BoD • Books on Demand GmbH, In de Tarpen 42, 22848 Norderstedt
Druck: Libri Plureos GmbH, Friedensallee 273, 22763 Hamburgt
ISBN: 978-3-7597-8567-1

Kapitelübersicht

Wie alles begann –
Von Hochsommerhitze und Herbstregen.................... 9

Phase 1
Von explodierten Traumschlössern, wilden Gefühlsstürmen und der großen Frage, wie es weitergehen soll

1. ÜBER MICH
Auf der Suche nach einem Mantel......................... 17

2. TRENNUNG ALS ELTERN
Vom Sortieren und Kleben 23

3. UMGANGSMODELL
Das Finden eines Rhythmus 30

4. ABSCHIED
Im rauen Ozean schwimmen................................ 36

Phase 2
*Von kleinen Schritten, Irrpfaden und Meilensteinen –
Auf dem Weg des Hineinwachsens in eine neue Lebenssituation*

5. EMOTIONEN UND GEFÜHLE
Im Chaos innehalten – im Aussortieren erkennen............. 45

6. LEBEN IN ZWEI HAUSHALTEN
Vom Loslassen und weißen Flecken......................... 52

7. KOMMUNIKATION MIT DEM EX
Vom Vorwurfskarussell und Suchen des passenden Maßes...... 57

8. NETZWERK
Jäten und Erblühen 63

9. FEIERTAGE
Feiertagsstimmung auf dem Prüfstand 68

10. URLAUB UND FERIENZEIT
Notwendiges Innehalten und neugieriges Entdecken 74

11. WENN DIE KRISE VON AUSSEN KOMMT
Das lange Ringen um eine passende Kinderbetreuung 77

Phase 3
Von sich lichtendem Nebel, neuen Ufern und dem schwungvollen Aufbruch in ein freies, selbstbestimmtes Lebensgefühl

12. FINANZEN UND ANDERE RESSOURCEN
Vom Überlebensmodus zur Gestaltungsfreiheit 85

13. AUSZEITEN
Leerräume – Freiräume – Möglichkeitsräume 90

14. BEZIEHUNG ZUM KIND
In der wildesten Achterbahn meines Lebens 96

15. MEIN NEUES ICH
Einbruch – Umbruch – Aufbruch –
Inmitten einer wundervollen Reise 106

16. MEINE ARBEIT FÜR DICH
Tipps für Bücher, Podcasts und Websites/Channels 112

Nachwort 116
Danksagung 118
Literaturverzeichnis 120
Das Buch-Team... 122

*»Wir erfreuen uns an der Schönheit des Schmetterlings,
aber geben selten zu,
welche Veränderungen er durchgemacht hat,
um diese Schönheit zu erreichen.«*

Maya Angelou

Wie alles begann – Von Hochsommerhitze und Herbstregen

Es roch nach Wandfarbe. Überall standen noch Umzugskisten und Möbelfragmente in der frisch bezogenen Wohnung, welche eigentlich unser neues Familienheim hätte werden sollen. Das ungeöffnete Paket mit meinem Brautbolero, der in vier Wochen auf unserer Traumhochzeit seinen Einsatz gehabt hätte, lag auf dem Boden neben der Terrassentür. Mein Körper fühlte sich taub an und in meinem Inneren flimmerte eine Art „Sendepause-Bild" begleitet von einem stechenden Piepton.

Auf der ausgeklappten Couch sitzend, welche übergangsweise als Bett diente, hielt sich mein Blick an unserem, zu meinen Füßen in seinem Tragesitz fröhlich glucksenden, acht Monate alten Wonneproppen fest. Draußen strahlte die Hochsommersonne. Ich fühlte mich hundeelend. Mir war, als schnüre mir jemand den Hals zu, während mein Mageninhalt gleichzeitig nach oben drückte. Ich bekam keine Luft, alles drehte sich. Ich war in einem emotionalen Schockzustand.

„Trennung... es geht nicht mehr... das funktioniert nicht... Schluss..." Die Wortfetzen meines damaligen Partners klangen spitz, grell und stechend in mir nach. Die letzte Zeit war heftig gewesen, die Stimmung oft angespannt, Streit, wenig Schlaf und all die lebensverändernden Ereignisse, die wir uns in kürzester Zeit aufgebürdet hatten auf der Basis einer kaum existenten Paarbeziehung. Aber ich hatte bis zum Moment der Trennung die Hoffnung, dass das eine vorübergehende Phase war, wir das als Familie schaffen und besonders stark daraus hervorgehen würden.

Wenn ich heute zurückdenke an die dann folgenden Wochen und Monate nach der Trennung, erinnere ich mich immer wieder an einen Moment, welcher symbolhaft verschiedene Empfindungen und Qualitäten dieser frühen Trennungsphase bündelte. Vielleicht ist er mir deshalb nach all den Jahren immer noch in lebendiger Erinnerung, wo viele andere bereits vergessen sind.

Es ist sehr früh am Morgen nach einer, durch meinen Kleinen häufig unterbrochenen, schlafarmen Nacht. Lauter Regen prasselt auf das Dachfenster, unter welchem ich liege. Mein zehn Monate alter Sohn spielt neben mir auf dem Fußboden vor dem Bett. Unter meiner Bettdecke ist es warm, das Zimmer kühl. Ich beobachte, wie eine Flut an Regentropfen auf die Scheibe über mir prasselt, dort glitzert und langsam über das Glas hinunterrinnt. Zurück bleibt ein ungleichmäßiges graues Punktemuster gegen das fahle Morgenlicht des frühherbstlichen Himmels. Ich fühle mich schlapp und kränklich, unfähig mich zu erheben und dem Tag zu begegnen. Mein Körper scheint unendlich schwer zu sein. Ich fühle Kälte in meinem Inneren. Es ist, als käme sie aus mir heraus, als hätte ich die Fähigkeit verloren Wärme zu erschaffen. Das Trommeln des Herbstregens klingt laut und gleichzeitig beruhigend in meinen Ohren, das Zimmer wirkt fremd. Ich wünsche mir nichts mehr als so lange liegen bleiben zu können, wie ich möchte. Mein kleiner Sohn zieht sitzend neben mir alles, was er in die Finger bekommt, aus dem Regal. Es fällt zu Boden und verursacht Lärm. Ich finde in mir keine Kraftquelle, welche ich anzapfen könnte, um ihn zu stoppen und bin froh, dass er sich beschäftigt und für den Moment nichts außer meiner bloßen Anwesenheit braucht. Ich will einfach liegen und wahrnehmen. Mich fröstelt. Die Einatemluft durch die Nase ist kühl. Das Haus still. Alle scheinen noch zu schlafen.

Es war einer der ersten, achtsamen Momente nach der Trennung, in welchem ich den Wunsch verspürte einen Augenblick lang nur zu lauschen was das Leben im Außen und Innen sagte, ein „Mich-Fallen-Lassen" in das, was gerade war. Trotz all der wahrgenommenen Schwere und des bedrohlichen Chaosempfindens erfüllte mich ein Fünkchen Friede in dem „wertfreien Wahrnehmen dessen, was ist". Es mag eigentümlich klingen, aber ich finde das bis heute einen der mutigsten Schritte, die man überhaupt gehen kann: präsent sein mit den Wahrnehmungen des Moments – innehalten. Besonders in Krisensituationen. Man weiß nie was hochkommt, wenn man still und aufmerksam beginnt zu lauschen.

Dabei erfahre ich bis heute, dass mein Fokus über etwas im Außen, wie in diesem Moment der Herbstregen, zu meinem Inneren wandert. Es ist Kontaktaufnahme mit mir selbst. Heute bin ich froh um all den Mut mich immer wieder meinen Gefühlen, meinem Erleben und meiner Wahrnehmung in dieser belastenden Lebensphase gestellt zu haben – es führte zu einer kraftvollen Selbstanbindung. Aus dieser sind Kräfte entstanden, von welchen ich nicht wusste, dass sie in mir stecken, und sie befähigen mich zunehmend zu einem freudvollen Leben trotz geplatzter Familienträume, Lebensentwürfe und Identitätskonstrukte, vielleicht sogar gerade deshalb.

Als ich mich zum ersten Mal nach der Trennung in einem Buchladen umsah, fand ich wenig zu meinem neuen Lebensabschnitt. Und was ich fand, schien nicht zum Ausdruck zu bringen, was ich in mir wahrnahm und wofür ich ein Sprachrohr suchte. Ich suchte eine Autorin, der es ähnlich ergangen war, die mich authentisch in ihr Erleben mitnahm und mir so half mich selbst besser zu begreifen. Ich fand interessante Geschichten und Ratgeber, jedoch für mich zu wenig berührende und emotionale Einblicke in das Durcharbeiten der neuen Situation: plötzlich alleinerziehend mit einem Baby. Ich las in diesen Büchern aber wie unterschiedlich Situationen und Themen sind, welche durch eine Trennung mit Kind ausgelöst werden können. Ebenso individuell sind all die emotionalen Prozesse, welche im Fokus dieses Buches stehen. Die eigene Persönlichkeit und Trennungsgründe spielen hier eine ebenso große Rolle wie die jeweiligen äußeren Gegebenheiten. Dieses Buch nimmt daher mit in meine Geschichte. Eine Geschichte, die das „klassische" Ideal der Kernfamilie, mit Geschwisterkindern und dem festen Rahmen der Ehe zum Inhalt hätte haben sollen. Dieses Drehbuch wurde von einem auf den anderen Tag völlig umgeschrieben und handelte auf einmal vom Leben als getrenntwordene, alleinerziehende Studentin mit Baby. Es gibt viele verschiedene Varianten, wie man „alleine mit Kind" werden kann und ebenso verschiedenartige Persönlichkeiten, die sich in dieser Familienform wiederfinden. Diese, meine Variante, war für mich in ihrer Mischung und Geschwindigkeit vor allem emotional, maximal herausfordernd. Es sind also meine Geschichte, meine Umstände und meine Art und Weise des Fühlens und Erlebens, welche hier zum Ausdruck kommen. Dennoch denke ich, spielen viele der Themen und Empfindungen im Rahmen einer Trennung mit Kind grundlegend eine Rolle.

Es ist eine Geschichte existenziellen Umbruchs, mehrjähriger Turbulenzen, grundlegender Fragen und neuer Perspektiven. Spürbar, authentisch, verletzlich. Etwas, was es für uns Menschen als soziale Wesen in meinen Augen mehr braucht. Keine perfekten Fassaden und in Scheinbilder gezwängte Individuen, sondern aufrichtige, verletzliche Begegnung und Austausch. Nur so kann sich das individuelle Kunstwerk des eigenen Lebens entfalten. Paradoxerweise scheint dies für manche, wie mich, den Verlust vieler innerer Konstrukte und scheinbar klarer Formen nötig zu machen. Und das macht erstmal Angst – mir hat es das. Immer wieder blieb mir in den ersten Monaten und Jahren nichts weiter als das Loslassen und mich den Umständen hingeben, um zu erfahren, dass ich trotz aller Angst und dem Empfinden von „Ich-Kann-Nicht-Mehr" weiterlebte und funktionierte. Vor allem mein Inneres war es, welches mich neben dem Wiederaufbau äußerer Strukturen wie Wohnen, Arbeit usw. forderte: der Zusammenbruch meines persönlichen Leitbildes, Selbstverständnisses, sowie, und das wurde mir erst später bewusst, das Finden meiner Identität als Mutter.

Solange ich denken kann, bewegen mich Ereignisse, Menschen und Bilder emotional sehr und es war immer essenziell für mich, dies im Nachgang in Ruhe sortieren, nachspüren und auch mit Worten versehen zu können. Es führte über den Eindruck zum Ausdruck, damit zum Greifbarmachen und so zu Entlastung und der Möglichkeit innere Balance wiederzuerlangen. In dieser Phase meines Lebens fand ich oft jedoch kaum Ruhe oder Worte. Dies führte zu vielen schmerzhaften inneren Zuständen. Mehr denn je wurde mir bewusst, welch positive Auswirkung das Finden von Sprache auf mich hat. Und der Effekt ist emotional noch größer, wenn ich mich in Worten anderer Personen wiederfinde. Ein Beispiel ist etwa die Autorin Jana Heinicke, welche feinfühlig, differenziert und authentisch in ihr Erleben des Mama-Werdens mitnimmt und sich gleichzeitig kritisch mit dem aktuell herrschenden Mutterideal auseinandersetzt. Sie schreibt etwa: *„Im Herbst 2019, als ich mein Kind gebar, gab es, zumindest im Deutschen, bestimmte Wörter noch nicht, die ich gebraucht hätte, um mein Erleben zu beschreiben – und die mein Gegenüber gebraucht hätte, um mich zu verstehen. Das Gefühl, in meiner eigenen Sprache für das, was ich erlebte, keinen Ausdruck zu finden, war, als würde ich meinen Zugang zur Welt verlieren".*[1] Allein dieser Satz löste durch Scham entstandene Verkrampfungen bis hinein in meine Zellen und war für mich über das Mutter- auf das Alleinerziehendwerden ausweitbar. In beidem rang ich lange um Worte und suchte Entsprechungen.

Ich hoffe mit diesem Buch berühren und emotional begleiten zu können, Worte zu finden, Bewusstsein zu schaffen und das Bild „der Alleinerziehenden" um eine Perspektive zu erweitern. Es gäbe vieles zu sagen und zu ergründen, gleichzeitig soll der Rahmen der Buchreihe nicht gesprengt werden. Meine Auseinandersetzung ist daher ein Anfang und eine Annäherung an die vielen emotionalen Facetten, die in dieser Lebensphase stecken können. Ich möchte mit meinem Buch Teil eines Weges sein, welcher Alleinerziehende zum Aufbau eines kraftvollen Lebens und Identitätsgefühls ermutigt sowie Hoffnung und Neugier hinsichtlich eigener Lebenspotentiale weckt.

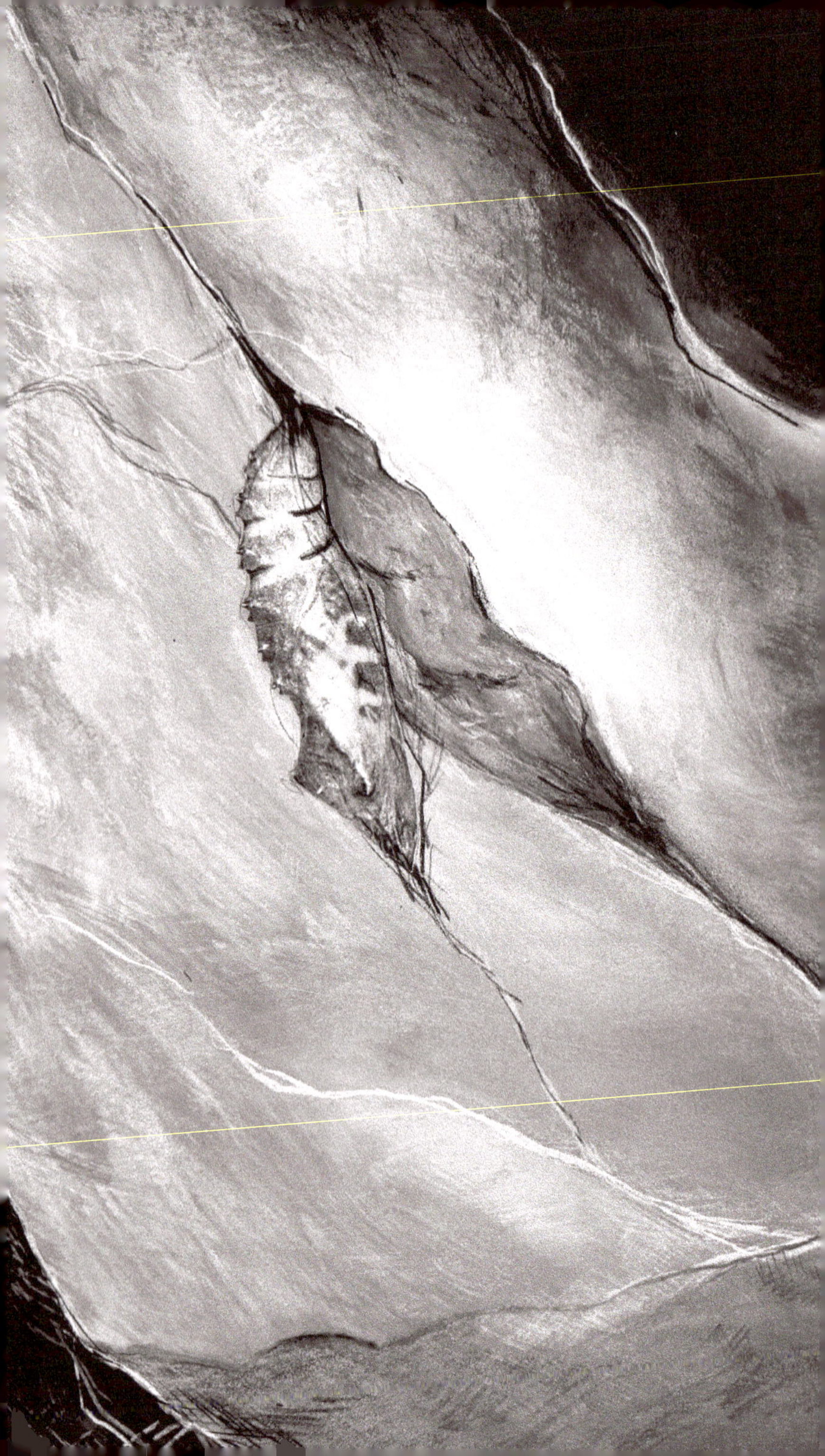

Phase 1

Von explodierten Traumschlössern,
wilden Gefühlsstürmen und
der großen Frage, wie es
weitergehen soll

Fr. Silberzweig: „etwas geht zu Ende. Was war es?"
Hr. Wolkenbruch (weint): „eigentlich alles"
Fr. Silberzweig (lächelnd): „sehr gut"
Hr. Wolkenbruch (erstaunt): „warum"?
Fr. Silberzweig (ernst): „so haben sie Platz"
Hr. Wolkenbruch: „Platz wofür"?
Fr. Silberzweig (liebevoll lächelnd): „für alles!"

Aus: Wolkenbruchs wunderliche Reise
in die Arme einer Schickse [2]

1. ÜBER MICH

Auf der Suche nach einem Mantel

Ehemann, Kind, idyllisches Wohnen im Grünen, Studium...

Diese Lebensphase sollte die Erfüllung eines romantischen Lebenstraums sein: endlich den Prinzen gefunden, ein gesundes süßes Kind in den Armen, Traumhochzeit unter blauem Sommerhimmel, Masterstudium... Dass dies alles im Ablauf von zwei Jahren stattfand, war für mich weniger Anlass zur Sorge als vielmehr Ursprung eines ozeanischen Gefühls von „göttlicher Fügung".

Neue Stadt, neuer Lebensabschnitt, neuer sozialer Status. Neu, neu, neu! Nicht nur die Wohnung und das Mama-Sein waren zum Zeitpunkt der Trennung neu für mich, sondern auch die Beziehung zum Vater des Kindes, welchen ich erst wenige Wochen vor der Schwangerschaft kennengelernt und mich Hals über Kopf verliebt hatte. Und ebenso neu war die, mit der erfolgreichen Immatrikulation erst diese Woche ins Haus geflatterte, Rolle als Studentin. Dass ich in einer meiner vulnerabelsten Lebensphasen allein dasitzen könnte, kam überhaupt nicht vor in meinem inneren Drehbuch.

Ich hatte mich noch vor wenigen Wochen auf meinem Junggesellinnenabschied wie auf einem wundervollen Höhenflug gefühlt, wurde im Freundeskreis bewundert und hörte Sätze wie: *„Manchmal werden Märchen wohl doch wahr", „Es gibt sie noch, die guten Geschichten"*... Und so fühlte es sich größtenteils auch an. Rückblickend fehlte auf vielen Ebenen die Bodenhaftung. Ich selbst hatte zu diesem Zeitpunkt einen geerdeten, pragmatischen Anteil in mir bereits monatelang in die innere Abstellkammer gepackt und schwebte auf Wolke sieben. Fiel die rosarote Brille zuerst oder wurden wir erst Eltern? Ich glaube die Brille wollte fallen, wurde aber vehement wieder zurück auf die Nase geschoben und alle Zweifel und potenziell ernsthaften Konflikte in das Loch zurückgedrängt, aus dem sie kamen.

Das Elternwerden und Elternsein war einerseits, wie ich es mir vorgestellt hatte und andererseits ganz anders. Ich war oft unsicher und überfordert, es war unser erstes Kind und alles noch frisch und undefiniert. Bislang kam die Elternrolle nur in meinem Kopf vor und war dort eine schöne Vorstellung. Aber was sie mit mir und uns machen würde, was sie auslösen würde, war zunächst nicht greifbar. Erst in den Monaten nach der Geburt formierte sich vieles in mir. Mutterbilder, Erfahrungen mit dem Familienthema, Kindheitserinnerungen... Einerseits war es aufregend und schön Mutter zu werden. Andererseits aber auch wahnsinnig anstrengend. Nicht nur körperlich und real mit meinem Kind, sondern auch in meinem Inneren.

Obwohl ich mich bereits, während der für mich unerwarteten Schwangerschaft, therapeutisch begleiten ließ, erweckte die reale Situation Mama zu sein, alte Muster, Ängste und Gedankenkarusselle. Heute weiß ich, dass dies bei dem Vater des Kleinen ähnlich war. Da wir uns aber zu diesem Zeitpunkt kaum kannten, ich mich stark abhängig und oft überfordert fühlte, suchte ich wenig die ehrliche und offene Kommunikation. So strebten wir äußerlich zwar dem gängigen Idealbild einer Familie entgegen, innerlich entfernten wir uns parallel aber immer weiter davon. Die Anspannung stieg rückblickend bereits seit Monaten, aber ich schob dies vor allem auf den Umzug und die anstehende Hochzeit. Meine Hoffnung, dass alles gut gehen würde, blieb. Als dann das Aus kam, war der Fall für mich tief, der Aufprall hart. Ich war gefühlt von 100 auf null innerhalb weniger Tage und am Tiefpunkt meines bisherigen Lebens.

Mit dem Umzug in die neue Stadt hatte ich auch meinen Job zurückgelassen und nun als frischgebackene Studentin kaum ein nennenswertes Einkommen, um mich und den Kleinen zu versorgen. Die Tatsache, dass wir zurück in meine alte Heimatstadt gezogen waren, erwies sich nun als Glücksfall. Denn aus der Not und dem ersten Schockmoment heraus zog ich zunächst mit meinem Säugling für ein paar Monate in die kleine Dachwohnung meiner Mutter mit ein. Als dies unmöglich wurde, siedelte ich über in das Haus meines Vaters und dessen Frau, welches mehr Platz bot. An eine eigene Wohnung war kaum zu denken. Dennoch startete ich im Verlauf einige Versuche, aber als alleinerziehende Studentin mit Baby und ohne nennenswerte Einkünfte stieß ich auf wenig positive Resonanz auf dem Immobilienmarkt. Auch die Liste für Sozialwohnungen war offenbar so lang, dass wir erst über ein Jahr nach der Registrierung ein Angebot für eine Wohnung erhielten.

Trotz aller räumlicher Beengtheit war die in der Not entstandene „Familien-WG" nicht nur Fluch, sondern oft auch Segen. Durch meinen emotionalen, finanziellen und zum Teil auch körperlichen Ausnahmezustand nach der Trennung war meine Familie eine große und vielseitige Unterstützung. Dennoch brachte das Zusammenleben auch Spannungen und emotionalen Druck mit sich. Ich hatte im Vorfeld bereits jahrelang an anderen Orten und autonom gelebt, was eine gewisse familiäre Entfremdung mit sich brachte. Ich war es gewohnt für mich zu sorgen, unabhängig zu sein und selbstbestimmt zu leben. Mit Mitte Dreißig mit meinem Säugling wieder im Kinderzimmer meines Elternhauses zu leben, gestaltete sich für mich und alle Beteiligten daher auch herausfordernd. Dennoch fand an vielen Stellen alltagspraktisch und emotional Unterstützung statt ohne welche vieles nicht möglich gewesen wäre, nicht zuletzt das erfolgreiche Absolvieren meines Masterstudiums.

Das Aufarbeiten und Verdauen dieser Lebensphase mit all ihrer Komplexität und Geschwindigkeit dauert für mich bis heute an. Wenn ich es mit den vorherigen Trennungen von Männern in meinem Leben vergleiche, stelle ich wiederholt fest, dass es nicht vergleichbar ist zu einer Trennung mit Kind, auch ohne die Berücksichtigung aller weiteren Umstände. Da der Kleine zum Zeitpunkt der Trennung noch im Babyalter war und die Bedürftigkeit und Notwendigkeit meiner physischen Verfügbarkeit als Mutter groß, hatte ich unter den gegebenen Umständen kaum Zeit und Raum für mich, meine Gefühle, Gesundheit und Interessensfelder. Dies erschwerte vor allem die inneren Verarbeitungs- und Trauerbewältigungsprozesse.

Ruhe und Rückzugsmöglichkeit sind für mich bis heute elementar, um Kraft zu tanken, mich an mich selbst anzubinden und in Stressphasen zu regulieren. Als Mensch, der selbst in einem kreativen Bereich, mit dem freien Selbstausdruck im Zentrum, tätig ist, ist nicht nur das innere, sondern auch äußere Gestalten meines Lebens wie Luft zum Atmen. Ich fühlte mich darum monatelang völlig ausgelaugt, im Überlebensmodus und kaum zu einem perspektivischen Gedanken in der Lage.

Mein Leben hatte alle für mich zu diesem Zeitpunkt greifbaren Formen verloren. Vorgesehen war das klassische Bild eines verheirateten Paares mit Kind in einer hübschen Wohnung und mit erfüllendem beruflichem Werdegang. Darauf hatte ich mein Leben lang hingearbeitet. Ich fühlte mich beschenkt, als all dies sich einzustellen schien. „Getrenntwordene, alleinerziehende Studentin ohne eigenen Wohnsitz" kam nicht vor. Es machte mir große Angst. Ich hatte mich so sehr in diese Beziehung und Traumvorstellungen fallen lassen, dass ich nun nicht mehr wusste, wer ich ohne diese eigentlich war.

Ich erinnere mich an einen Abend, die Trennung lag bereits monatelang zurück, welcher sich als Bild in mein Gedächtnis eingegraben hat. Ich saß auf dem Sofa und suchte online nach einem neuen Wintermantel. Als ich mich nach vielen Stunden schließlich aufgelöst vor dem Bildschirm wiederfand und mir meiner Unfähigkeit bewusst wurde, irgendeine Entscheidung zu treffen. Anhand des Symbols des Mantels wurde mir klar, dass ich keine Idee mehr hatte, was ich gerade brauchte, was mir gefiel, wer ich war und sein wollte. *„Kleider machen Leute"*, heißt es im Volksmund. Aber was, wenn ich nicht mehr weiß, welches Kleid ich wählen soll, weil innerlich alles leer zu sein scheint? Es klingt so banal, aber für mich war es ein Moment, in welchem sich über dieses „Auf-Der-Suche-Nach-Einem-Mantel-Sein" nahezu alles bündelte: Persönliche Identität, Finanzen, Rolle in der Gesellschaft, Familiengeschichte… Es fühlte sich an, als löste ich mich auf. Was partiell auch stimmte. Ein Teil in mir löste sich unwiederbringlich auf – und machte Platz für etwas Neues. Nur „das Neue" war für mich lange Zeit in keiner Weise zugängig. Das Einzige, woran ich mich festhalten konnte, so fühlte es sich an, war mein Studium – mein „Studentinnen-Ich".

Das in den ersten beiden Trennungsjahren immer wieder wechselnde Umfeld und Wohnen unter „fremdem Dach", sowie das Ringen um einen angemessenen Umgang mit dem Vater des Kindes, erschwerte auch das Finden meiner Mama-Identität. Ich konnte mit meinem Baby nicht zur Ruhe kommen und so leben wie ich es für richtig hielt, sondern musste mich oft den Gegebenheiten anpassen. Dies erschwerte auch den Beziehungsaufbau zwischen mir und meinem Sohn. Ich war häufig auch „Zuhause" unter Anspannung und hatte das Gefühl dankbar sein und es recht machen zu müssen. Erschwerend kam im ersten Trennungswinter die beginnende Corona-Pandemie hinzu. Und ein, wegen des Umzugs von der Wohnung meiner Mutter in das Haus meines Vaters, notwendig gewordener Kitawechsel in eine Kita, welche mir Bauschmerzen verursachte.

Letztendlich lebten wir bis zu meinem Studienabschluss „unter fremdem Dach". Das anschließende kräftezehrende aber letztlich erfolgreiche Finden eines passenden Jobs, einer guten neuen Kita sowie einer eigenen Wohnung läutete eine neue Ära ein. Ich konnte endlich wieder selbst für uns sorgen, selbstbestimmt leben und anfangen unser Leben zu gestalten!

Der geschaffene Freiraum brachte zum einen kraftvollen Aufschwung, zum anderen aber auch neue Herausforderungen und Fragen mit sich. „Was ist für mich wirklich wichtig? Und was für mein Kind?", „Welche Gestaltungsräume habe ich?", „Wie schaffe ich eine Work-Life-Balance als Alleinerziehende?", „Wer bin ich jetzt?" Es fühlte sich an, als hätte ich mich auf eine Pilgerreise begeben, welche vor über vier Jahren begonnen hatte, mich bislang an viele spannende und wertvolle Orte geführt hat und bis heute andauert.

2. TRENNUNG ALS ELTERN

Vom Sortieren und Kleben

Sich zu trennen, wenn man ein gemeinsames Kind hat, ist eine große Herausforderung.

Das Thema dieses Kapitels stellt eine der größten Aufgaben meines Lebens dar. Im Vergleich zu Trennungen ohne Kind, muss man weiterhin miteinander Umgang haben, sofern beide Elternteile eine aktive Elternschaft zum Wohle des Kindes leben wollen. Es gibt zu Beginn, neben all den aufgewühlten Gefühlen auch formal vieles zu regeln und grundlegend zu besprechen wie etwa Unterhalt und Umgangszeiten. Dies zu einem emotional aufgeheizten Zeitpunkt miteinander hinzubekommen kann einem alles abverlangen. Selbst wenn man den Kontakt auf ein Minimum reduziert, bleibt der andere Mensch Teil des eigenen Lebens.

Da unser Kind noch klein war und weder sprechen noch laufen konnte bei unserer ersten Trennung, war ein enger Austausch nötig und das Schutzbedürfnis groß. Ich schreibe hier „erste", da es auch noch eine zweite Trennung gab, aber dies zu einem späteren Zeitpunkt ausführlicher. Dennoch spielt es hier eine Rolle, da wir es vermutlich nicht nochmal miteinander probiert hätten, wenn wir kein gemeinsames Kind gehabt und uns so regelmäßig gesehen hätten.

Auch den anderen immer wieder im Aussehen und Wesen des gemeinsamen Kindes zu erkennen, ist vor allem zu Beginn schmerzhaft. Für mich war es das. Schieden sich in meinem bisherigen Leben nach Trennungen die Wege und jeder ging, zumindest bis sich alles beruhigt hatte, in seine Richtung, so war dies hier nicht möglich. Eine heftige Erfahrung. Keine meiner früheren Trennungen hängt mir, auch emotional, so sehr nach wie die vom Vater meines Kindes.

Das Zerbrechen meines Familientraums war ein so heftiger Schlag, wie ich in meinem gesamten Leben noch keinen abbekommen hatte. Und dies zu einem Zeitpunkt, zu dem ich mich maximal abhängig vom Gelingen unseres Familientraums gemacht hatte. Ich fühlte mich in der Phase der frischen Mutterschaft sehr verletzlich. Auch wenn wir äußerlich viel stemmten wie Hochzeitsplanung, Umzug in eine andere Stadt und all das wenige Monate nach der Geburt unseres ersten Kindes, fühlte ich mich innerlich weich und fragil. Auch mein Körperempfinden während der Schwangerschaft und nach der Geburt war anders als all die Jahre zuvor, in welchen er nur mir selbst gehört hatte.

Alles war ungewohnt, die Welt stand schon allein durch das Mamawerden Kopf. Zum Zeitpunkt der Trennung stillte ich unseren Kleinen noch und fühlte mich sowohl körperlich als auch seelisch wenig kraftvoll und leistungsfähig. Rückblickend empfand ich erst wieder zwei bis drei Jahre nach der Geburt in etwa meine körperliche Stärke wie zuvor. Hinzu kam, wie bereits im vorherigen Kapitel erwähnt, der Umzug in meine alte Heimatstadt und mein neuer Status als Studentin. Und trotz somit wieder vorhandener Familie vor Ort, fehlte zu dieser die enge Beziehung im Alltag. Auch wurden meine Eltern zum ersten Mal Großeltern und ich hatte den Eindruck, dass sie mit ihrer neuen Rolle verständlicherweise noch unsicher waren. Die berufliche und finanzielle Situation machte mich zusätzlich zu meinem verletzlichen Körperempfinden abhängig und lösten in mir Angst aus, als die rosarote Brille zu bröckeln begann. Das nicht mehr Vorhandensein eines schönen, sicheren Nestes und anstatt dessen wildes Umzugschaos, steigerte zu diesem Zeitpunkt meine Anspannung zusätzlich. Ob es daran lag, dass wir noch keine solide Paarbeziehungsebene vor der Schwangerschaft hatten oder daran, dass wir zu verschieden waren und *„einfach nicht zueinander passten"* wie man so schön sagt, ließ sich damals kaum sagen. Aber eine ehrliche und besonnene Reflexion und Kommunikation auf Paarebene fand in der Phase der frischen Elternschaft und im Vorfeld der Trennung nicht mehr statt.

Die Trennungsworte zu diesem Zeitpunkt schlugen ein wie eine Bombe. Sie zerstörten um mich und in mir vieles und lösten bis in meine Zellen einen Schock aus, von welchem ich mich bis heute nicht gänzlich erholt habe. Bitte nicht erschrecken und an der Stelle das Buch zuklappen, weil ich „bis heute nicht" schreibe. Natürlich hat sich ein Großteil meines Inneren und Äußerens sehr gut erholt. Aber ich möchte ehrlich über mein emotionales Erleben berichten und kein „Positivity-Washing" betreiben. Damit meine ich, nicht alles ins zwanghaft Positive zu verdrehen, was dem Thema für mich nicht gerecht wird. Es war ein heftiger Schlag, der in mir vieles hat zersplittern lassen. Und so fühlte ich mich lange Zeit fragmentiert und stark in meiner Identität verunsichert.

Das „Zusammenkleben" meiner inneren Bruchstücke und im Verlauf dadurch Erschaffen eines neuen Selbstbildes, brauchte vor allem eines: Viel Zeit. Bei mir liegt die primäre Trennung zum Zeitpunkt des Schreibens dieses Kapitels etwa vier Jahre zurück und die zweite Trennung etwa drei Jahre. Und immer noch bin ich am „Kleben". Nur fühlt es sich mittlerweile nicht mehr nur mühsam, schmerzhaft und überfordernd an wie zu Beginn, sondern es steckt auch viel Neugier, Schaffenslust und Freude darin. Das „alte Gefäß" mit all den klassischen, teilweise konservativen Werte- und Formvorstellungen ist zerbrochen und eine bunte, individuell geformte und weniger für einen Zweck ausgerichtete Skulptur entsteht. Und das braucht einfach Zeit. Auch wenn andere möglicherweise etwas sagen wie: *„Vielleicht hilft dir ein neuer Mann", „Du musst mehr in Aktion kommen, unter Leute gehen"...* Ich kann nur dazu ermutigen sich Zeit zu lassen und erst mal wieder bei sich selbst anzukommen, auch wenn es nicht unserem Zeitgeist zu entsprechen scheint.

Der Begriff des Trennungsjahres ist geläufig und ich finde es einen wichtigen dahintersteckenden Gedanken: einen Jahreszyklus zu durchlaufen, um das Erlebte verarbeiten zu können. Und aus einem Jahr können auch Jahre werden. Auch das ist völlig ok, wie ich finde. Sich nicht schnellstmöglich ablenken mit neuem „Input" welcher

Art auch immer, sondern der Trauer und dem Wiederfinden wichtiger eigener Teilstücke Raum geben. Dies muss kein kompletter Rückzug von der Welt sein und schließt gesellige Runden mit Freunden oder Familie nicht aus. Aber die Haltung des „Zur-Ruhe-Kommens" und „Selbstanbindung-Suchens" finde ich wichtig, um langfristig heilen zu können.

Ich schreibe hier über all diese Dinge, weil sie für mich mit in das Thema Elternschaft trotz Trennung hineinspielen. Ausgangspunkt für die gelingende Begegnung und Kommunikation mit dem Ex bin schließlich ich selbst. Meine Gedanken, Gefühle und Empfindungen machen mich aus und gehören daher an diese Stelle.

Der Alltag mit Kind konfrontiert mich bis heute mit der Lücke durch den Wegbruch des Vaters des Kleinen. Zu Beginn war dies nur schwer aushaltbar, im Verlauf wurde es leichter. Aber weg ist es bis heute nicht ganz. Es ist wie gesagt meine Geschichte und mein Erleben, das kann sicher sehr verschieden sein. Ich stelle es mir in manchen Aspekten leichter vor, wenn ich von Anfang an geplant hätte ein Kind allein zu bekommen, oder ich diejenige gewesen wäre, die sich nach reiflicher Überlegung trennt und befreit fühlt. Aber vielleicht geht es dir auch so und du standest ähnlich wie ich plötzlich allein da, weil sich dein Partner getrennt hat. Ein „Von-Hundert-Auf-Null" Gefühl. So oder so trifft es vermutlich auf die Wenigsten zu, dass sie ihr Kind überwiegend allein großziehen wollten und der andere Elternpart kein Teil des gemeinsamen Alltags ist. Damit immer wieder konfrontiert zu werden tut weh. Sei es die Überforderung alles im Alltag unter einen Hut und Aufgaben erledigt zu bekommen. Nein, da ist keiner, der mal den Müll entsorgt, auf dem Nachhauseweg noch Klopapier oder ein Kinderarztrezept mitbringt, mit dem Vermieter telefoniert oder einfach für ein zweites Einkommen sorgt. Sei es im Umgang mit dem Kind selbst, wo manchmal ein weiterer Erwachsener ein wichtiger Puffer sein kann, wenn etwa die Emotionen hochkochen, was mit einer Mama nach einem vollen Tag und einem Kind in der Trotzphase durchaus vorkommen kann.

Schlimm waren zu Beginn für mich zum Beispiel auch die abendlichen Esssituationen, die Leere am Esstisch. Bis heute ist es eine Herausforderung für mich. Mein Kleiner und ich sitzen zu zweit da und trotz Anmachen von Musik im Hintergrund fehlt da einfach jemand. Es ist nicht nur der mangelnde Austausch mit einem erwachsenen Gegenüber, sondern ein Gefühl von Unvollkommenheit, welches ich dann besonders schmerzlich wahrnehme.

Ich hatte mir immer eine volle, bunte Familie gewünscht, so wie ich es selbst aus meiner Kindheit kannte. Wir waren vier Kinder. Aus diesem Grund verabreden wir uns gerne mit Freunden oder Familie zum Abendessen. Und zwar damals kurz nach dem Umzug in die eigene Wohnung und auch heute noch. Das hilft und nährt mein Zugehörigkeitsgefühl. Da wir, durch das Wohnen unter dem Dach meiner Eltern die ersten zwei Jahre kaum wirklich allein waren, ist besonders das Erleben beim abendlichen Essen, oft der ersten gemeinsamen Ruhezeit nach einem vollen Tag, momentan noch präsent. Sicher wird auch das zunehmend verblassen. Aber dadurch, dass wir erst seit gut zwei Jahren wirklich allein wohnen, ist der Unterschied noch spürbar. Wie gesagt, Gefühle sind individuell und haben viel mit der eigenen Person und Geschichte zu tun. Vielleicht geht es dir anders in dem Punkt. Aber in meiner Kindheit war das gemeinsame Essen immer ein lebendiges Geschehen voller Tischchaos und Austausch. Ich bin bis heute ein Mensch, der gerne in Gesellschaft isst. Du hast vielleicht einen anderen „wunden Alltagspunkt". Ich finde es hilfreich für den Umgang mit den eigenen Gefühlen sich diese wunden Punkte bewusst zu machen, um so Belastungserleben reduzieren zu können.

In der ersten Phase der Trennung gehörte das Hochkochen der Gefühle zu meinem Alltag. Ich hatte mit heftiger Wut, Trauer, Scham, Schock, Einsamkeit, Angst und Frust zu tun – aber vor allem mit Wut. Ich war jedes Mal froh, wenn die Gefühle von Angst, Trauer oder Scham der Wut wichen, da ich mir dadurch Luft verschaffen konnte. Jedoch stieg nach einem Anflug von Wut oft wieder Frust auf und im Verlauf spielte sich das Emotionsrad von vorne ab. Das ging lange so. Überhaupt ging vieles lange und intensiv bei mir, da ich ein tiefgründiger und dadurch innerlich eher langsamer Mensch bin. Zusätzlich war es aber auch den sich immer wieder grundlegend wandelnden äußeren Umständen geschuldet. So gab es etwa einen zweiten Beziehungsanlauf von einem dreiviertel Jahr Dauer und mehrere Umzüge. Dadurch konnten innere Prozesse nicht in Ruhe stattfinden, sondern wurden immer wieder unterbrochen und reaktiviert. Für mich war es wichtig meinen Gefühlen freien Lauf zu lassen, was zur ein oder anderen Szene in der Öffentlichkeit führte. Besonders heftig war mein Ausdruck der Wut gegenüber meinem Ex. Mir verschaffte es Luft und ich konnte bis in mein Körperinneres spüren, wie ich mich hierbei ein Stück weit davon befreite und sie an der Stelle platzierte, wo sie hingehörte.

Da wir beide eine aktive Elternschaft leben wollten, trafen wir in den ersten Monaten häufig aufeinander und versuchten auch den ein oder anderen Spaziergang zu dritt. Dies eskalierte wiederholt und strengte mich im Verlauf zunehmend an. Mein Ex schien sich emotional recht schnell distanzieren zu können, was es für mich noch unerträglicher machte. Es war ein schmaler Grat zwischen „Gefühlen hilfreich Luft verschaffen" und sich zu überfordern oder destruktiv zu werden, wie ich feststellte. Aber auch wenn es an der ein oder anderen Stelle vielleicht unnötig hochkochte und mich eher zurückwarf als half, so war mein Grundimpuls, mit meinen Gefühlen nach außen zu gehen, wichtig für meinen Verarbeitungsprozess und richtig für meine Selbstanbindung.

Ich bin stolz darauf, in dieser Episode meines Lebens so sehr zu mir gestanden zu haben. Die Schweizer Psychotherapeutin und Analytikerin Verena Kast spricht bei tiefgehenden Verlusterfahrungen, zu welchen auch plötzliche und heftige Trennungen gehören, von vier Stufen der Trauerbewältigung.[3] Sie lehnt sich damit an das Model der Psychiaterin Elisabeth Kübler-Ross an. Diese vier Stufen haben mich in meinem eigenen Prozess beschäftigt und waren mir Unterstützung und Orientierung. Die erste Stufe bezeichnet sie als 1. „Nicht-Wahrhaben-Wollen" was auch mit „Schock" umschrieben werden kann. Dem folgt 2. „Aufbrechende Emotionen" was all die heftigen Gefühlswallungen beinhaltet, von welchen ich schreibe. Es schließt sich 3. „Suchen und sich Trennen" an, womit komplexe Vorgänge des sich einerseits Lösens und andererseits auch wieder mit dem Verlorenen Verbindens im Rahmen des Ablösungs- und Verarbeitungsprozesses beschrieben wird. 4. „Neuer Selbst- und Weltbezug" schließt die Trauerphasen ab[3] und findet in diesem Buch etwa im Kapitel über „Mein neues Ich," Ausdruck. Ein Schwanken zwischen den Phasen sei dabei normal.

Auch ich befand mich manchmal in einem emotional gefestigteren Zustand, um dann von einem Ereignis oder tiefsitzenden Gefühl wieder überrollt zu werden. In den ersten zwei bis drei Jahre schwankte ich so immer wieder vor allem zwischen den von Kast benannten Phasen zwei und drei hin und her. Wie gesagt: Trennung mit Kind bedeutet regelmäßigen Austausch und Begegnung mit dem anderen Elternteil und das kann den Heilungsprozess sehr verkomplizieren. Im Ablauf vieler Monate stellte sich jedoch allmählich eine oberflächliche Akzeptanz der Situation ein, welche mir half, zu funktionieren und meinem Ex alle paar Tage halbwegs gefestigt entgegenzutreten.

3. UMGANGSMODELL

Das Finden eines Rhythmus

Ehrlich gesagt hatte ich zu Beginn keine Ahnung was ein Umgangsmodell ist und dass so etwas zu regeln ist. Ich war so in meinem emotionalen Schock gefangen, dass ich aus allen Wolken fiel, als mein Ex das Thema Unterhalt und Umgang einbrachte. Es war früher Herbst und wir spazierten im tristen Grau eines regnerischen, bewölkten Tages über matschige Feldwege in der Umgebung. Ein Bild, das so gut zu meinem Innenleben passte, dass es sich einbrannte. Immer wieder liefen mir Tränen über das Gesicht, der leichte Wind war unangenehm kühl. Wenn mein Ex das Thema nicht angesprochen hätte, wären vermutlich noch Monate vergangen, bis ich aus mir selbst heraus die Kraft gefunden hätte mich nach außen zu orientieren und Informationen über meinen „neuen Status" einzuholen. Im Nachhinein bin ich ihm dankbar, dass er sich darum kümmerte. Aber eigentlich wollte ich zu diesem Zeitpunkt, dass er sich um uns kümmerte und wir wieder zusammenkämen. Diese Diskrepanz war sehr schmerzhaft für mich. Da unser Kleiner noch kein Jahr alt war, war klar, dass er nur stundenweise zu ihm gehen würde. Wir sprachen uns dahingehend immer wieder eher spontan ab.

Das Finden eines passenden Umgangsmodells war für alle Beteiligten ein langwieriger, nervenaufreibender und dynamischer Prozess und erstreckte sich über alle Trennungsphasen. Immer wieder war unser Alltag in den ersten zweieinhalb Jahren großen Veränderungen ausgesetzt. Das eben erwähnte anfänglich gestartete eher flexible Umgangsmodell begann sich zum ersten Mal nach wenigen Wochen der Trennung zu ändern, als mein Ex das Weite suchte und in eine andere Stadt zog, welche zwei Stunden Autofahrt entfernt lag. Das war zum einen ein erneuter emotionaler Schock für mich, zum anderen veränderte es die Umgangsmöglichkeiten stark. Ich konnte nicht verstehen, wie er uns im Stich lassen und sich derart massiv abgrenzen konnte. Mit diesem Schritt war er nun nicht einmal mehr im erweiterten Alltag für uns verfügbar. Er wolle mit dem Zug alle zwei Wochen kommen, um unseren Sohn abzuholen. Wo sie vor Ort zusammen hinkönnten, war unklar, da dieser noch sehr klein, und im aktuell anrollenden Winter der Aufenthalt draußen etwa auf einem Spielplatz für längere Zeitspannen ungeeignet war. Die ganze Strecke mit dem Zug zurückzufahren und über Nacht bleiben, ging mit unserem, noch nicht einmal Einjährigen, nicht, wurde aber als Plan für die Zukunft von Seiten meines Ex benannt.

Ich war wochenlang im Ausnahmezustand und konnte diesen Schritt nicht fassen. Noch vor drei Monaten hatten wir eine Familie sein und dies vor Staat und Kirche bekräftigen wollen und nun gab es mit der Trennung und dem Wegzug eine derart massive Abgrenzung auf allen Ebenen, dass ich die Themen, welche plötzlich Teil meiner Welt waren, nicht begreifen konnte. Worte wie „Umgangszeiten", „Unterhalt", „Aufenthaltsbestimmungsrecht" und weitere prasselten wie ein Hagelschauer schmerzhaft auf meine Seele ein und zementierten ein Fundament, auf dem ich nie hatte stehen wollen. Ich musste den Wegzug einfach hinnehmen, mein Veto fand kein Gehör. Ich fühlte mich ohnmächtig und wütend. Paradoxerweise erfuhr ich viel später, dass mir selbst dieser Schritt ohne die Einwilligung des Kindsvaters rechtlich verwehrt würde. Für ihn als Elternteil, bei dem das Kind keinen permanenten Wohnsitz hat, ist ein solcher Wohnortwechsel trotz gemeinsamen Sorgerechts jederzeit möglich. Für mich wiederum nur mit seinem Einverständnis. Das finde ich unerhört!

So war es also. Er war weg und wir konnten wieder schauen, wie wir zurechtkamen. Neben der massiven Kränkung und dem Vertrauensbruch durch die Geste des „Einfach-Mal-Weg-Gehens", fielen auch einige Stunden Betreuung weg. Die Situation änderte sich jedoch bereits nach wenige Wochen erneut. Denn plötzlich erreichte mich seine Nachricht der Reue hinsichtlich der Trennung und des Wegzuges, was mich verwirrte und erschreckte. Ich erkannte den

Mann, in den ich mich verliebt hatte, nicht wieder. Dieses „Hin und Her" setzte sich von da an auf verschiedenen Ebenen fort und umspann nicht nur unsere Beziehung und den Umgang, sondern auch seine berufliche Laufbahn. Es wurde mit der Zeit zu einer emotionalen Belastungserprobung für mich, damit auch für den Kleinen und mein involviertes Netzwerk. So kam er nach wenigen Wochen wieder zurück, was einiges erneut ins Wanken brachte.

Die mehrfachen Jobwechsel führten im Verlauf zusätzlich immer wieder zu finanzieller und Umgangsunsicherheit auf Grund von Probezeiten, Urlaubssperren, unterschiedlichen Arbeitszeitmodellen etc. Dennoch erwuchs aus diesem Schritt und Bekundung von Reue im Ablauf weiterer Monate ein zweiter Beziehungsversuch. Mein Sohn und ich blieben dabei zunächst unter dem Dach meiner Eltern wohnen, um zu sehen, inwieweit eine vertrauensvolle Paarbeziehung überhaupt wieder möglich war. Es fühlte sich für mich damals so an, als hätten wir wirklich nochmal eine Chance als Paar und die Zerwürfnisse, Schmerzen und Diskrepanzen würden zu unserer Stärke werden. Es kam aber anders.

Schnell waren wieder Schmerzpunkte aktiviert und mein Ex wollte den Zusammenzug nach ein paar Monaten, aus Angst alles würde wieder kaputt gehen, nicht mehr zulassen. Da es für mich als freiheitsliebende und gestaltungsstarke Frau schwer war, derart fremdbestimmt und in einer Art Kindrolle wieder im Elternhaus zu wohnen, bei gleichzeitiger eigener Mutterschaft und dem Wunsch einiges anders zu machen als meine Eltern, begann ich zunehmend gegen die von ihm aufgebaute Mauer anzukämpfen. Schließlich hatten wir uns gemeinsam für unser Kind entschieden und ich wollte es zusammen mit ihm und niemand anderem großziehen, in einer von uns geschaffenen Umgebung und den Eltern-Alltagsstress teilen. Er wiederum zementierte seinen Schutzwall immer fester. Wir waren in einer Endlosschleife gefangen aus welcher wir, trotz Paarberatung, nicht herauskamen. Die Fronten verhärteten sich, sodass ich ihm, entkräftet von dem stressigen Alltag und schlaflosen Nächten allein mit Kleinkind unter „fremdem Dach", mitten im Studium und gleichzeitig dem ständigen Kofferpacken für die Wochenenden bei ihm, um dort an der „Familienidentität" zu arbeiten, ein Ultimatum stellte. Ich konnte nach einem halben Jahr dieser Art nicht mehr. Unter der Woche versuchte ich meinen Alltag gemeinsam mit meinem Vater, seiner Frau und dem Kleinen zu bestreiten, was immer wieder auch spannungsreich war auf Grund plötzlicher Nähe zu Menschen, mit denen man schon seit Jahren nicht mehr zusammenlebte und zum Teil völlig unterschiedliche Lebenseinstellungen und Werte hatte. Aber auch auf Grund des fehlenden Freiraums für mich, die ich immer noch auf vielen unbearbeiteten Gefühlen saß. Parallel versuchte ich den Anforderungen im Studium gerecht zu werden und mich dem Mann wieder zu öffnen, welcher mich vor ein paar Monaten so sehr enttäuscht, alleingelassen und verletzt hatte, dass ich es noch bis in mein Körperinneres spürte. Ich hatte das Gefühl nirgends zu Hause sein zu dürfen und erfuhr wenig tiefer gehende Entlastung, weil ich kaum zur Ruhe kommen konnte.

Im Elternhaus lebte ich nur als „Notfall-Übergangslösung", eine eigene Wohnung bekam ich nicht und mein Ex versperrte uns immer wieder aufs Neue den Zugang zu seinem Zuhause. Es war für mich eine monatelange Zerreißprobe. Ich wollte so sehr, dass die Beziehung funktionierte, konnte die vielen Alltagsherausforderungen aber nicht mehr allein bewältigen. Ich hatte das Gefühl überall kämpfen und mich beweisen zu müssen, selbst vor dem Mann, der sagte, dass er mich liebe und eine Familie sein wolle. Ich fühlte mich oft ungeliebt, ausgelaugt, unwillkommen. Ich musste funktionieren, mich um andere bemühen, ich selbst blieb dabei zunehmend auf der Strecke. Irgendwann war ich am Ende meiner Kräfte und unter Daueranspannung. So folgte nach meinem Ultimatum zum gemeinsamen Wohnen und Teilen des Alltags ein erneutes *„Nein, so nicht"* meines Ex-Partners. Woraufhin dann für mich klar war, dass die Partnerschaft ein Ende hatte und ein *„Nein, so nicht mehr"* meinerseits folgte. Ich konnte und wollte auf diese Art und Weise nicht mehr weitermachen. Emotional war ich zum Zeitpunkt der zweiten Trennung noch erschöpfter als nach der ersten.

Ich zweifelte an mir und der ganzen Welt. Als mein Abschluss im Ablauf weiterer Monate langsam in greifbare Nähe rückte, begann ich mich zu bewerben und parallel eine Wohnung zu suchen. Wie Aesops Tierfabel über die zwei Frösche im Milchtopf, erschuf mein kontinuierliches „Mich-Abstrampeln" nach einer gefühlten Ewigkeit endlich einen Untergrund, von welchem aus ich mich „freispringen" konnte.[4] Ich fand eine schöne Wohnung für meinen Sohn und mich, wie ich sie mir besser nicht hätte vorstellen können. Ebenso zog ich einen interessanten und passenden Job an Land, welcher uns sowohl über Wasser hielt als auch etwas Flexibilität und Gestaltungsfreiheit bot. Es klingt hier so leicht, war aber ein echter Kraftakt.

Ich schreibe all das, weil es mit dem Umgangsmodell zu tun hat. Denn jedes Hin und Her im Außen wirkte sich darauf aus. Über einen langen Zeitraum begann sich so das Residenzmodell zu etablieren, jedoch in den ersten Jahren mit flexiblen Umgangstagen. Es konnte sein der Kleine sah seinen Vater zwei Wochen nicht, dafür dann in der Woche drauf gleich drei Mal. An die verabredeten Termine hielt er sich zuverlässig und gestaltete die Zeit engagiert und liebevoll, soweit ich dies mitbekam. Lange Zeit kämpfte ich um mehr Umgangszeiten, was jedoch erfolglos blieb und sich letztlich auf dem heutigen Level recht stabil eingependelt hat. Da sich wie beschrieben immer wieder viel änderte, waren diese Jahre sehr unruhig. Das spiegelte mir auch der Kleine, etwa in den unruhigen Nächten aber auch im Beziehungsverhalten wider, was erhebliche Energie meinerseits band. Durch mein Studium und das häufig coronabedingte Wegbrechen der Kitabetreuung, war ich immer wieder auf Unterstützung durch meine Familie angewiesen. Ohne diese Betreuungsstunden von familiärer Seite aus, hätte ich weder mein Studium noch einen beruflichen Wiedereinstieg geschafft.

Für das tiefere Durcharbeiten emotionaler Ebenen war zu diesem Zeitpunkt kaum Raum, aber zumindest konnte ich so funktionieren und im Außen meinen Anforderungen halbwegs gerecht werden, sodass keine neuen Probleme entstanden. Der Kleine war dadurch häufigem Hin und Her auf Beziehungsebene ausgesetzt, sodass er manchmal an 4 von 5 Wochentagen andere Bezugspersonen hatte. Wie gesagt war das nicht nur logistisch und organisatorisch, sondern auch emotional für mich und den Kleinen anstrengend. Ich musste an alles denken und überall Bescheid geben, Zeiten absprechen, Taschen packen usw. Ich war nirgends präsent, mit mir selbst schon gar nicht. Und auch mit dem Vater fand, wie gesagt, in den ersten drei Jahren immer wieder an unterschiedlichen Tagen und in sich verändernden Rhythmen Umgang statt. An ein Wechselmodell war zu diesem Zeitpunkt nicht zu denken. Nicht nur auf Grund des noch jungen Alters unseres Kindes und unserem nach der zweiten Trennung äußerst angespannten Verhältnis, sondern vor allem auch zum Wohl des Kleinen. Bei all dem Hin und Her auch noch den festen Bezugspunkt, nämlich mich, als Anker zu nehmen, wäre eine psychische Überforderung gewesen. Dies zeigte er deutlich auf, als er in einer zweiwöchigen Phase des starken Wechsels und wenig Zeit mit mir begann eine Tic-Störung zu entwickeln. Diese legte sich erst wieder als ich daraufhin bewusst auf viel ruhige gemeinsame Zeit achtete.

Im vollen Alltag, der Schnelllebigkeit und den hohen Standards unserer momentanen Gesellschaft Kinder gesund großzuziehen, grenzt an eine Meisterleistung. Dies dann auch noch unter Pandemiebedingungen und voll berufstätig zu schaffen, ist definitiv eine hohe Kunst. All dies als Alleinerziehende zu bewältigen, auszubalancieren und in einen gesunden Rhythmus zu führen, ist wie ich finde, heldenhaft!

4. ABSCHIED

Im rauen Ozean schwimmen

Verabschieden musste ich mich von einem Kernelement meiner bisherigen Identität: dem klassischen Familienmodell, auf welches ich mein Leben lang hingearbeitet hatte.

Ein Großteil meines Selbstkonzepts explodierte und meine sicher geglaubten Ich-Grenzen schienen sich aufzulösen. Ich driftete in völlig unbekannte, raue Gewässer, in welchen ich das Gefühl hatte, mich aufzulösen. Ein Teil in mir starb. Ein neuer formte sich, war aber zunächst nicht greifbar und machte mir daher vor allem Angst. Wie alle grundlegenden Veränderungsprozesse, besonders solche in welche man plötzlich gestoßen wird. Ich versuchte einfach zu schwimmen.

Es war nicht so, dass ich mich nur über das Mutterwerden und Kernfamilie-Sein definiert hatte. Zum Glück gab es auch noch andere Bereiche, wie alles bildnerisch Kreative, die mir erhalten blieben. Aber es war ein großes Ziel in meinem Leben und ich hatte mich sehr auf die Phase des Mama-Seins gefreut. Und nun konnte ich sie nicht so leben wie ich wollte. Aus der puren körperlichen und seelischen Überforderung konnte ich oft den Umgang mit meinem Kind nicht genießen, musste mich an Regeln in einem „fremden" Zuhause halten und hatte kaum Mittel, um etwas zu verändern. Wichtig war für mich in der Zeit das zu tun, was in meiner Macht stand und mich immer wieder auf die kleinen Dinge zu konzentrieren, die in meiner Hand lagen. Wie etwa mein Studium, Geld sparen, wo es ging, auch wenn es nur ein paar Euro waren, lernen mir Unterstützung zu holen, „Nein" zu sagen, mich auf dem Wohnungs- und Jobmarkt umzusehen, lernen nach meinen Bedürfnissen zu schauen und an mir und meinem Leben „dran" zu bleiben. Somit verabschiedete ich unbewusst zunehmend einen Teil, der sich nur allzu gern abhängig von Meinungen und Wünschen anderer machte und die eigene Verantwortung abgab. Doch um da hinzukommen, spitzte sich gerade in der ersten Zeit häufig emotional vieles zu, bis ich wiederholt explodierte und erst im anschließenden Zustand der Verzweiflung meine Energie bündelte und mich fragte: *„Was kann ich jetzt Hilfreiches tun?"* Und das waren dann oft auch kleine Sachen wie: eine Tasse Kaffee, die ich bewusst wahrnahm und genoss, 20 Minuten Spielzeit mit meinem Kleinen, eine Seite der Masterarbeit schreiben und dafür bei meiner Familie um Betreuungsunterstützung bitten, das Gespräch in der Kita suchen, wenn mir etwas sauer aufstieß, aktiv Hilfe einfordern oder einfach die Zügel lockerlassen, auf dem Sofa liegen und mir meine Erschöpfung zuzugestehen.

Ich verabschiedete mich auch von dem Gedanken zu heiraten, verkaufte mein Brautkleid und ließ innerlich das Bild von mir als glückliche Braut vor dem Altar los. Ich hatte bereits Jahre zuvor meinem vorherigen Freund nach über sieben Jahren Beziehung einen Antrag gemacht, welchen er erst annahm und Tage später die Beziehung beendete. Allerdings waren diese Pläne noch nicht gediehen. Und nun waren mir die Hochzeit, der Wunsch nach Ehe und die damit entstandenen inneren Bilder erneut um die Ohren geflogen und das wenige Tage vor der tatsächlichen Trauung. Alles war geplant gewesen, die Hochzeitsfrisur probegesteckt, alles gebucht, die Gäste geladen, das Gespräch mit dem Pfarrer geführt… alles sagten wir ab und ich saß da mit Brautkleid, Accessoires, Ehering und all den Planungsdokumenten. Ich verkaufte was ging und schmiss die Pläne, welche ich liebevoll im Vorfeld gemacht hatte, bewusst weg. Ich wollte das Kapitel Ehe endgültig für mich schließen, es sollte wohl nicht sein in meinem Leben.

Auch das Thema Glaube im „christlich-kirchlichen" Sinne erfuhr eine Verabschiedung. Obwohl ich zu Lebzeiten eine eher kritische Christin war, wenn man so will, und mich oft nirgends wirklich zugehörig gefühlt hatte, weder zu den „frommen Kirchenmenschen" noch zu den Atheisten, so spürte ich doch innerlich eine tiefe Verbindung zu etwas, ich nenne es Gott. Und viele biblische Lehren erschienen mir weise und hilfreich. Ich ging gerne in Kirchen und mochte sowohl den musischen Ausdruck als auch die Kontemplation. Für mich fühlte es sich an, als würde ich von Gott hängen gelassen. Alle Gebete schienen umsonst gewesen zu sein. So empfand ich es. Im Ablauf vieler Jahre entwickelte sich so allerdings ein individuelles, viel freieres spirituelles Bewusstsein in mir, das weiter war als das enge Glaubensnetz, welches ich in der Kirche kennengelernt hatte. Ich war schon immer ein einerseits Sinn suchender und gleichzeitig freigeistiger Mensch gewesen und fühlte mich nur bedingt wohl mit dem Glaubenskonstrukt der Kirche. Dennoch bin ich heute froh um die Jahre dort, ich durfte verschiedene beeindruckende Menschen kennenlernen und wertvolle persönliche Erfahrungen sammeln. Doch der spirituelle Weg muss immer ein persönlicher sein, so sehe ich es heute. Und es entstand so in mir ein weiter, ungebundener Glaube an Unterschiedliches – eine lebendige Suche und offenes spirituelles Leben im Prozess. Darüber ließe sich vieles schreiben, das würde jedoch den Rahmen dieses Buches sprengen. Für mich ist es dennoch wichtig das Thema hier aufzunehmen, da der Abschied in diesem Bereich ebenfalls große Veränderungen in mir bewirkte und zu meinem Weg dazugehört.

Auch das sichere Gefühl meinen Seelenpartner gefunden zu haben, ein Gegenüber, mit dem ich so viel Verbindung und Nähe spürte wie kaum je zuvor in meinem Leben, musste ich loslassen. Wir hatten in vielen Lebensbereichen ähnliche Ansichten und Vorlieben, ich hatte das Gefühl, trotz Diskrepanzen, meinen Deckel gefunden zu haben. Sonst hätten wir uns sicher nicht nach der kurzen Zeit für das Kind und alle weiteren Schritte entschieden. Ja, rosarote Brille… aber bis heute spüre ich eine tiefe Verbindung zu meinem Ex-Partner, die ich nicht allein durch das Kind erklären kann.

Verabschieden musste ich mich auch von einer großen eigenen Familie. Ich hatte mir immer schon zwei oder drei Kinder gewünscht, bin selbst mit drei Geschwistern groß geworden und erlebe dies bis heute als wertvoll. Allerdings hätte ich mich davon vermutlich auch innerhalb der Beziehung verabschieden müssen, da mein Ex keine weiteren Kinder wollte, wie er sagte. Da wir uns kaum kannten im Vorfeld, hatten wir über so etwas noch nicht geredet und es traf mich hart, als er es klar und unverrückbar einige Monate nach der Geburt formulierte. Demnach waren wir hier nicht auf einer Linie, wie mit vielem anderen wie sich zunehmend herausstellte. Ich trauere dem Großfamilienbild innerlich hinterher, vor allem dem Fehlen von Geschwistern für meinen Kleinen. Da es in unserer Familie kaum weitere Kinder gibt, bzw. zwei meiner Geschwister mit Kind zu weit weg wohnen und auch die Nachbarschaft kaum Kinder im entsprechenden Alter hat, wächst der Kleine als Einzelkind auf. Klar versuche ich auf Sozialkontakte zu achten, aber das ist immer auch mit zusätzlichem Aufwand verbunden und mir fehlt manchmal einfach die Zeit und Energie, da ich recht viel arbeite. So ist es nun und ich tue dennoch mein Bestes.

Ja und wie schon oben erwähnt ist es ein Abschied vom immer noch gängigen Familienmodell. Das tat, als der Schockzustand abgeklungen war, in welchem ich kaum etwas wahrnahm, sehr weh. Viele meiner Freundinnen waren ebenfalls dabei Familie zu gründen, zu heiraten, ein Haus zu bauen – klassisch eben. Und plötzlich fiel ich da raus. Alle waren erschöpft mit Baby und Kleinkind, aber ich war es mehr. Überall war der Stresspegel hoch als ein beruflicher Wiedereinstieg anstand, aber bei mir war er höher. Alles unter einen Hut zu bringen war für alle hart, für mich war es härter. Alle mussten sich in ihrer Partnerschaft neu finden nach der Geburt, ich musste mich verabschieden und schauen, dass ich selbst nicht „zusammenfiel". Ich will kein „besser – schlechter" Bewertungsmarathon starten, aber so erlebe ich es in meinem Bezugsfeld und ich will es einfach nicht bagatellisieren.

Erst Jahre später erkenne ich, dass ich in einigen Punkten auch Leichtigkeit in Themen habe, die Freundinnen nicht haben. Wenn es etwa um Erziehungsfragen geht, oder die Gestaltung von Freizeit. Ich bestimme und muss mich nicht ständig anstrengenden Debatten mit einem Partner aussetzen. Ich empfinde auch eine Art Leistungsdruck, welchen Kernfamilien haben, nach... Wie kann ich es beschreiben? vielleicht das Streben nach dem perfekten Familylife, das man versucht zu präsentieren. Dieses Raster habe ich verlassen.

Ich verabschiedete mich mit all dem oben Aufgeführten von vielen engen, konventionellen Konstrukten und Glaubenssätzen. Dies führte im Verlauf, wenn es bei mir auch dauerte, da eine ausgeprägte Kämpferin in mir sitzt, zu großer innerer Freiheit. Eines meiner höchsten persönlichen Werte.

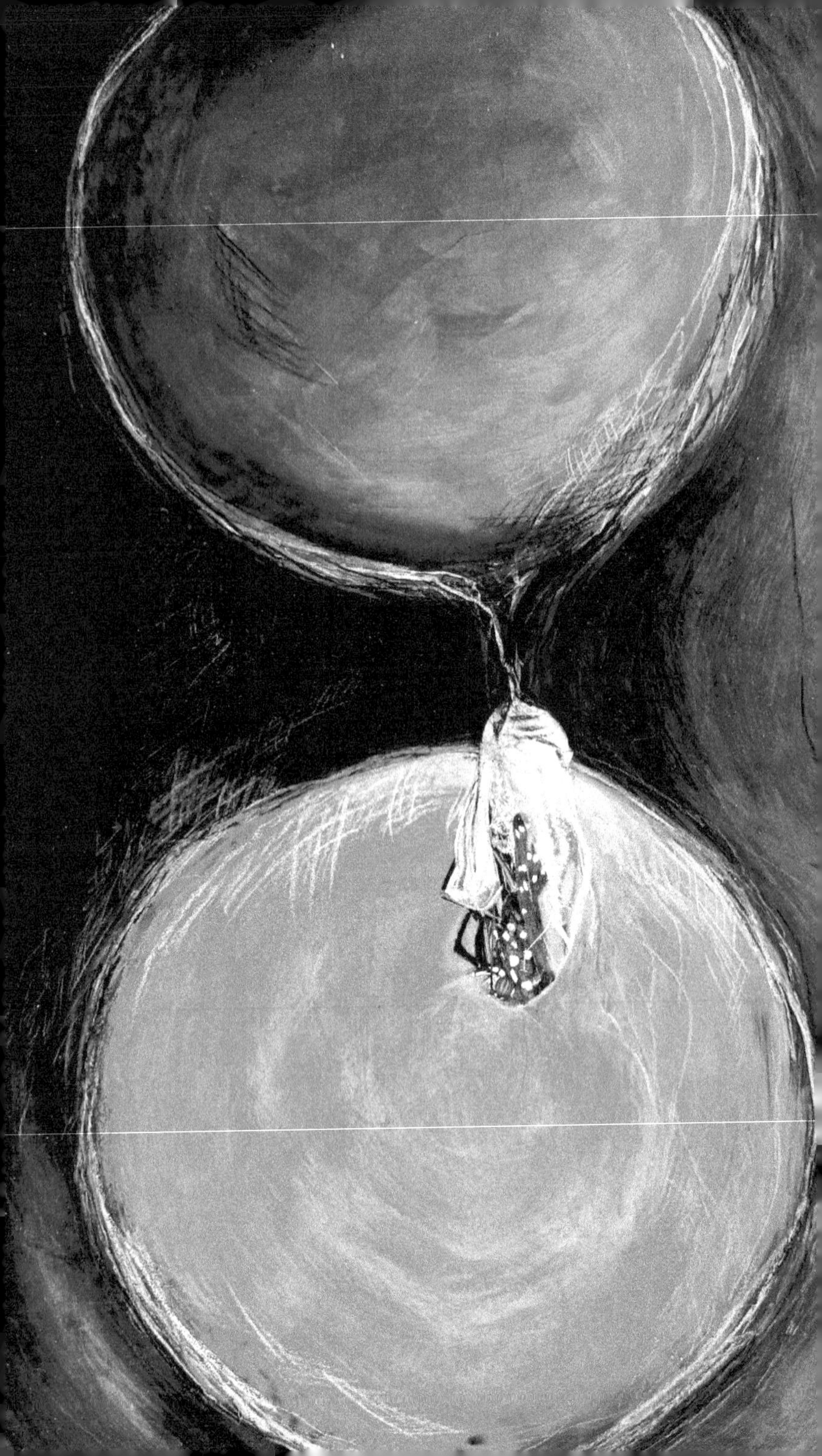

Phase 2

Von kleinen Schritten, Irrpfaden und Meilensteinen – Auf dem Weg des Hineinwachsens in eine neue Lebenssituation

»Ich bin umgeben von Natur,
Sich im Wind wiegende Gräser,
Fliegendes, Krabbelndes, Zirpendes,
Zwitscherndes.
Wachsen und Vergehen.
Bewegungen, Veränderungen – so langsam,
dass ich sie kaum wahrnehmen kann.
Plötzliches Keimen, Abbruch, Umbruch!
Alles gehört zum natürlichen Rhythmus.
Ich will Teil davon sein. Ich bin Teil davon.«

Eigenes Gedicht, Juni 2023

5. EMOTIONEN UND GEFÜHLE

Im Chaos innehalten – im Aussortieren erkennen

In mir still werden, innehalten und Selbstanbindung suchen ist bis heute das kraftvollste Gegengewicht zum übermächtig wirkenden Gefühlschaos in mir.

Der Trennungsverarbeitungsprozess war ein oftmals intuitiver Weg, welcher mich manchmal in die Ruhe und manchmal in die Überforderung führte. Letztlich gelangte ich dadurch jedoch zunehmend auf den Weg des Selbst-Bewusst-Seins und der Achtsamkeit. Und damit meine ich nicht ein Leben in der perfekten Harmonie, sondern viel eher ein Leben im Sinne des berühmten Achtsamkeitslehrers Jon Kabat-Zinn: „full catastrophe living".[5] Ein Leben also, in dem ich bewusst und achtsam versuche meine Schritte zu tun und dabei auch all die Kanten, Ärgernisse und Ungereimtheiten wahrnehme und da sein lasse.

Das Gefühlschaos zu Beginn der Trennung war zunächst weder zu bezwingen noch zu ordnen. Wie gesagt stand das gesamte Traumschloss bereits im Vorfeld auf äußerst wackeligen Beinen. Auch die Konfrontation mit Mutterschaft, der irreversiblen Veränderung meines Körpers und Identitätserlebens forderten mich heraus. Das kurze Zeit später völlig unvorbereitete Alleinerziehend-Werden, führte zum Empfinden eines Systemkollaps. Es war kaum Zeit mich in der neuen Lebensphase des Mama-Seins einzufinden und als Elternpaar ein Miteinander aufzubauen, da saß ich bereits im Scherbenhaufen meiner Existenz. Der Verlustschmerz über den Partner und Vater des Kleinen, den bereits erwähnten „gängigen" Familienglück-Traum und Existenzängste waren überwältigend. Mit Worten wie „Erdplattenverschiebung" in der Beschreibung eines inneren Zustandes der frühen Mutterschaft, sowie der Begriff „Muttertät",[6] in Anlehnung an den Pubertätsbegriff als Titel einer allumfassenden, sowohl mentalen, biologischen als auch emotionalen Transformationsphase, schafft Heinicke in meinen Augen einen wichtigen Ausdruck für innere Vorgänge allein beim Mutterwerden. Sie bezieht hierbei sogar eine Studie ein, welche bei Müttern in den ersten sechs Jahren nach der Geburt gravierende Veränderungen in den Hirnstrukturen eindeutig nachweisen, die umfassende biologische Umbauprozesse verdeutlichen.[6] Sie schreibt all das aus der Perspektive einer nicht-alleinerziehenden jungen Mutter, was in Folge mein Verständnis, heilsames Mitgefühl und Wertschätzung mir selbst gegenüber mit all meinen erbrachten, inneren und äußeren Leistungen in dieser verletzlichen Lebensphase wachsen lässt.

Als ich zum ersten Mal nach der Trennung mit einer guten Freundin in der Stadt bummelte und versuchte über diese simple, aus früheren Tagen bekannte Freizeitgestaltung Halt zu finden, kamen wir an einem Buchladen vorbei. Beim halbherzigen Stöbern entdeckte ich eine Handvoll Bücher zum Thema „Alleinerziehend". Ich kaufte zwei davon und war, wie bereits in der Einleitung angedeutet, erstaunt und enttäuscht darin wenig Raum für Emotionales zu finden, sondern eher distanziert beschriebene Geschichten und Umstände. Beim Lesen weiterer Bücher erging es mir ähnlich. Ich hätte mir damals sehr gewünscht für meine Gefühle mehr Resonanzraum zu finden. Immer wieder erlebte ich es ähnlich: Emotionales wurde recht schnell abgehandelt oder blieb an der Oberfläche zu Gunsten von Formalitäten im Rahmen eines Rosenkrieges, Besitz, Sorgerecht, Geld, Wohnformen u.v.m. Ich war alleinerziehend mit einem noch sehr kleinen Kind, eine Phase, in der sich viele Paare in meinem Umfeld noch nicht trennten, sondern das Familienidyll eher aufzuleben schien, von Hauskauf und Geschwisterkindern die Rede war. Auch in speziell für Alleinerziehende gegründeten Gruppen erfuhr ich entweder Obengenanntes oder destruktive, wenig differenzierte Emotionsspiralen.

Es geht mir nicht um Bewertung all dessen. Jede Person geht auf eigene Weise mit einer Trennung um und hat entsprechende Bedürfnisse. Aber ich stellte in diesen ersten Jahren für mich fest, dass ich einen tieferen Emotionsaustausch brauchte und fühlte mich dahingehend sehr allein. Ich war erstaunt zu erleben, dass in einer derart verletzlichen und anstrengenden Situation wie einer Trennung mit kleinem Kind Formales eine derart zentrale Rolle einzunehmen und emotionale Aspekte hintenanzustehen schienen.

Das Erleben einer Diskrepanz zwischen meinem Bedürfnis Empfindungen auf den Grund zu gehen, emotionales Erleben und tiefer gehende Gedanken zu teilen und der eher kargen Resonanz meines Gegenübers ist ein mir bekanntes Phänomen. Ich fand es selten leicht Menschen zu finden, mit denen ich dies erfüllend teilen konnte. Sätze wie: *„Du bist ganz schön kompliziert", „Da kommt ja keiner mehr mit"* oder *„Nicht so viel denken und fühlen – mehr machen!"* und Ähnliches säumten meinen Weg. Manchmal wurde dies auch nur nonverbal über Mimik und Gestik vermittelt, was ebenso verletzend und irritierend war. Heute eine Handvoll Menschen an meiner Seite zu haben, mit welchen tiefgründiger, gefühlvoller Austausch möglich ist, ist ein Geschenk. Ich mag keine Labels. Gleichzeitig beschäftigt mich das Thema der Hochsensibilität aber zunehmend in meinem Leben und scheint auch präsenter in unserer Gesellschaft zu werden. Hochsensitive Menschen machen sogar mit ungefähr 15-20 Prozent einen gar nicht geringen Anteil der Bevölkerung aus.[7] Sie spielten nach aktuellem Kenntnisstand zu allen Zeiten und in allen Kulturen eine wichtige Rolle für das Überleben der menschlichen Spezies.[8] Das feine Wahrnehmen und tiefgründige Fühlen scheint daher eine wichtige Funktion zu haben. Vielleicht erreicht dich dieses Buch und es geht dir ähnlich wie mir. Falls dem so ist, freue ich mich dir sagen zu können: du bist nicht allein in deiner emotionalen Fülle und ich finde es absolut normal in so einer Situation übervoll davon zu sein!

Ja, vielleicht ist es das – sichtbar und spürbar werden mit all den Gefühlen, die da sind. Das finde ich sehr kraftvoll und Verbindung schaffend und würden wir das alle mehr machen, dann hätten wir vielleicht weniger Angst davor ausgegrenzt zu werden. Es hat etwas damit zu tun Verletzlichkeit zu zeigen. Ein Thema auf welches ich in den letzten Jahren vermehrt stieß. Die unglaubliche Kraft und selbstermächtigende Wirkung sowie darin liegendes Heilungspotential, beschreibt in meinen Augen kaum jemand besser und fundierter als die Bestsellerautorin und Sozialforscherin Brené Brown in ihrem berührenden und differenzierten Buch: „Verletzlichkeit macht stark. Wie wir unsere Schutzmechanismen aufgeben und innerlich reich werden". Sich verletzlich zu zeigen, Gefühle zuzulassen und sich damit gegenüber anderen zu öffnen benennt Brown als wirksamste Methode, um übermächtiges, omnipräsentes Schamempfinden unschädlich zu machen.[9]

Als die Frage aufkam unter welchem Thema ich bei der Buchreihe mitwirken möchte, war daher schnell klar, dass mein „roter Faden" die erlebten emotionalen Aspekte bilden. Meine Gefühle und Empfindungen waren für mich die Grundmelodie, welche sich durch all die Trennungsjahre in hoher Intensität hindurch zog und alle anderen Themen berührte. Ich stellte besonders in den ersten Jahren nach der Trennung fest, wie viel generell von Emotionen und Gefühlen in Medien und Gesprächen die Rede war und wie wenig ich diese in unserer Gesellschaft bei Erwachsenen spürbar erlebte. Nach der Trennung war ich diesbezüglich sensibilisiert und erlebte immer wieder, wie Gefühle schamhaft abgewehrt wurden. Durch Floskeln, Make-up, Ausreden, Intellektualisieren, sich Entziehen u.v.m. Es war etwa von Trauer die Rede, aber keine Träne floss. Es war von Wut die Rede, die Contenance wurde jedoch um jeden Preis gewahrt. Es wurde über Ohnmacht und Ratlosigkeit kommuniziert, und doch stand gleich eine Antwort parat. Ich fand und finde das komisch. Auch ich bemühte mich um eine „akzeptable Fassade". Aber im Rahmen der Trennung war ich oft so am Limit, dass ich kaum inneren Puffer hatte und äußerlich auch wenig Rückzugsoptionen. Daher brach diese Fassade immer wieder ein und Wut oder Tränen flossen nur so aus mir heraus. Die Gefühle Wut und Trauer brachen sich am häufigsten Bahn. Scham, Schuld, Ängste, Ohnmacht und weitere waren in ihrem Wesen weniger explosiv und sichtbar.

Zunächst aus Kraftlosigkeit, später als bewusste Haltung, gehörte für mich das Sichtbarwerdenlassen von Emotionen zu meinem Leben dazu. Ich entdeckte darüber die Kraft der Verletzlichkeit und war erstaunt, wie viel Scham und Ängste ich mit mir herumgetragen hatte. Das Herausplatzen meiner Gefühle erlebte ich so zunehmend entlastend und stellte fest, dass man viel weniger Angst davor haben muss als gedacht. *„Verletzlichkeit ist der Kern, das Herzstück und das Zentrum bedeutsamer menschlicher Erfahrungen"*,[10] verleiht Brown meinem Empfinden von „Es-Ist-Mir-Wichtig-Meine-Gefühle-Zu-Zeigen" Ausdruck. Bis heute erlebe ich es als wichtige Quelle, zu meinen Gefühlen und Empfindungen zu stehen und manchmal auch als hilfreichen Hinweis auf strukturelle Probleme. Letzteres zum Beispiel im Kontakt mit meinem Ex, wenn unklare Absprachen zu Missverständnissen und Gefühlsausbrüchen führen oder im großen Stil, wenn es etwa um die Ungerechtigkeit hinsichtlich unbezahlter Care-Arbeit, patriarchaler Strukturen oder realitätsferner Muttervorstellungen geht. In mir herrschte bis vor wenigen Jahren etwa noch der Glaubenssatz: *„Frauen sind gefühlsduselig und daher schwach. Gefühle sind irrational"*, eine patriarchale Zuschreibung par excellence. Wem dient diese Auffassung und was deckelt sie? Ich will Gefühle nicht überhöhen, aber ich finde es wichtig, dass sie ihren Platz in der Gesellschaft haben und Raum bekommen, um nicht krankmachend unterdrückt werden zu müssen. Was ist das für ein System in dem so etwas nötig zu sein scheint?

Ich erinnere mich noch an meine WG-Mitbewohnerin und angehende Lehrerin mit welcher ich in dem Jahr bevor ich schwanger wurde zusammenwohnte. Sie war engagiert in ihrem Beruf, kämpfte jedoch immer wieder mit hohen Ansprüchen und Versagensängsten, die sie teilweise außer Gefecht setzten. Auf meine Frage, ob ihr vielleicht eine Therapie guttäte, um einen hilfreichen Umgang damit zu erlernen, antwortete sie, dass sie dann als angehende Lehrerin ihren Anspruch auf eine Verbeamtung verlieren könne. Was ist das für ein Staat und System? Welch krankhaftes Denken steht dahinter?

Ich frage mich zunehmend, ob nicht die Menschen, die eine Therapie machen und beginnen sich differenziert mit ihrer Innenwelt auseinander zu setzen die gesünderen sind, entgegen all denen, die unter dem Deckmantel der Normalität „herumwursteln" und sich quälen, um einem künstlichen Ideal zu entsprechen. Was für einen eigenartigen Begriff der Normalität haben wir denn, dass solche Maßstäbe gelten? Das Beispiel ist für mich auf gängige Mutter-Ideale zu übertragen, welche sich im Alleinerziehendsein zuspitzen und viel damit zu tun haben, dass Teile der Gefühlspalette unterdrückt werden wie etwa Wut und Aggression. Nicht offen mit Gefühlen und Gedanken umgehen zu können hat viel mit Scham zu tun. Brown schreibt dazu: *„Ja, es ist ohne Zweifel unangenehm, über Scham zu reden. Aber darüber zu sprechen ist nicht annähernd so gefährlich wie das, was geschieht, wenn wir die Scham verschweigen! (...) Und je weniger wir darüber sprechen, desto mehr Scham empfinden wir".*[11] Sprache und Ausdruck ist also elementar, um nicht in einer destruktiven Schamspirale zu enden.

Erst vor Kurzem erlebte ich eine Situation in welcher mein Ausdruck von Sorge vor der Buchveröffentlichung wegen eines verletzenden Kommentars einer Person: *„mich u.a. mit dem Buch als bedürftige Alleinerziehende hinstellen und darin suhlen zu wollen"*, zu einer kleinen Welle der Verbundenheit und stärkenden Worte führte. Andere Mitautorinnen in dieser Buchreihe öffneten sich und brachten zum Ausdruck, wie bereichernd sie es fanden, dass ich so offen meine Ängste und Zweifel teilte, es ginge manchen ähnlich. Es gehört für mich in genau diese Schamkategorie. Ebenso das medial verbreitete Bild der *„verarmten, bedürftigen Alleinerziehenden am Rande der Gesellschaft"*. Und damit will ich nicht sagen, dass es hier kein Problem gibt. Aber es zeichnet auch ein undifferenziertes Bild dieser Familienform und nicht immer muss es derart hoffnungslos sein. Ich stelle bei mir fest, dass mich eine gewisse Scham ergreift an den Stellen, wo ich diesem bedürftigen Bild nicht entspreche, sondern emotional, finanziell und sozial gut zurechtkomme. Ja, mich oft sogar freier und hoffnungsvoller fühle als je zuvor.

Gefühle sind existenziell, sie machen einen großen Teil unserer selbst aus und gehören zutiefst zu uns. Krisen können ein Tor zu Emotionsbereichen sein, die uns bis dato unbekannt waren. Im Positiven und Negativen. Sie machen uns auf unsere Bedürfnisse aufmerksam, welche mit unserer Persönlichkeit und Geschichte zu tun haben. Wenn wir sie bewusst wahrnehmen, erfahren wir eine Menge über uns selbst. Es hat daher auch mit Achtsamkeit zu tun. Das ist etwas, das ich gelernt habe und woran ich bis heute arbeite. Immer wieder verliere ich den Draht zu mir selbst und ein Gefühlsausbruch, Erschöpfung oder Konflikte zeigen mir dies auf. Dann halte ich inne und spüre hin. Welches Gefühl nehme ich wahr? Welches Bedürfnis steckt dahinter? Was kann ich jetzt dafür tun oder lassen? Meine Gefühle erfuhr ich so als wichtigen Schlüssel. Mir diese immer wieder bewusst zu machen, mir Raum und Zeit zu nehmen nachzuspüren, Gedanken zu fassen, Worte zu finden und Bilder zu kreieren waren und sind bis heute existenziell für mich. Sie klären, ordnen, bringen Bewusstsein – Selbst-Bewusst-Sein. Das ist eine Ausgangslage, um Lebensschritte bewusst gestalten zu können, ein Gefühl des Verbundenseins zu schaffen und so aus dem betäubenden Gefühl von Scham und „Nicht-Gut-Genug-Sein" auszubrechen.

6. LEBEN IN ZWEI HAUSHALTEN

Vom Loslassen und weißen Flecken

Mein Kind, bereits im Alter von acht Monaten, stundenweise dem Vater mitzugeben und in dieser Zeit „weiße Flecken" in der Beziehungslandkarte mit ihm zu haben, war vor allem schmerzhaft. Natürlich ist es auch in „normalen" Familien der Fall, dass die Oma mal für zwei Stunden aufpasst. Klar spielt hier die Trennungs- und Schmerzenergie zwischen meinem Ex und mir eine zentrale Rolle. Ich musste ihn jedes Mal sehen und sprechen da unser Kind ja noch so klein war. Beide dann zusammen verschwinden zu sehen, brachte mich immer wieder an den Rand meiner aushaltbaren Trauer. Ich konnte mich kaum distanzieren und es war ein jahrelanger Kampf und inneres Hin und Her, bis ich diese Momente der Übergabe, in welchen mir die Trennung als Bild jedes Mal unter die Nase gerieben wurde, rationaler sehen konnte. Es gibt die Sioux-Weisheit: *„Eure Kinder gehören euch nicht. Sie sind aus dem Leben geboren. Sie sind Funken, die ihr empfangt".*[12] Ich finde das einen hilfreichen und schönen Gedanken. Dennoch war es so kurz nach der Geburt, so fühlte es sich für mich an, kaum auszuhalten. Es war wie ein Schlag auf die noch blutende Trennungs- und Mamawunde. Ich kann es nur wiederholen: genau das hat für mich den Heilungsprozess im Vergleich zu allen vorangegangenen Trennungen, die ich immer wieder gut verarbeitet und abgeschlossen habe, so unglaublich schwer gemacht.

Gleichzeitig sind die Umgangszeitfenster bis heute die größten „Auszeiten" in meinem Leben, in denen ich mich nur um mich kümmern kann. Zu Beginn wusste ich wenig mit mir anzufangen und die wenigen Stunden waren auch schnell vorbei. Als die Umgangszeiten im Verlauf ein Wochenende zu umspannen begannen, war das etwas anderes. Plötzlich war da Zeit: eine Nacht zum Durchschlafen, ein Frühstück in Ruhe usw. Jedoch brach ich in der ersten Zeit regelmäßig genau dann emotional ein und meine Gefühle drangen vehement an die Oberfläche. Aktueller Frust vermengte sich mit unverarbeiteten Trennungsgefühlen und schüttelten mich heftig durch. Und auch hier spreche ich nicht von „ein paar Wochen oder wenigen Monaten", sondern von Jahren. Ich finde es alarmierend, dass man heutzutage bereits nach ein paar Monaten tiefer Trauer, Antriebsarmut, Rückzug und nihilistischen Weltanschauungen nach psychologischem Klassifikationssystem als pathologisch eingestuft werden kann.[13] Wenn das eigene Welt- und Selbstbild mal eben zusammenbricht, ist es meiner Meinung nach absolut nachvollziehbar und sollte normal sein, über Monate oder auch Jahre in einer krisenhaften Verfassung sein zu dürfen. Es steckt der in meinen Augen krankmachende Zeitgeist dahinter, dass jedes Problem einer baldigen Lösung bedarf, eine Checkliste hilft, ein paar Tipps und schöne Wochenenden und schon ist alles wieder unter Kontrolle und funktionsfähig.

So sehr ich die Angst vor dem Freilassen der eigenen Gefühle nachvollziehen kann, weil es manchmal kaum zu ertragen ist was dann an die Oberfläche kommt, so wenig nachhaltig und hilfreich finde ich diese Grundhaltung. Gefühle zu fühlen, ihnen Raum und Zeit zu geben, dazu zu stehen und so langsam einen Umgang damit zu finden, falls nötig mit therapeutischer Hilfe, finde ich nachhaltig hilfreich. Ja, das ist anstrengend für einen selbst und die persönliche Umgebung. Aber die Haltung des „Raum-Und-Zeit-Gebens" und des „Kleine-Schritte-Vor-Und-Wieder-Zurück-Machen-Dürfens", so unpopulär diese auch sein mag, finde ich entlastend, beruhigend und wichtig. Und vielleicht steht am Ende nicht die Lösung à la: *„jetzt habe ich all das überwunden und mein Leben ist der Oberknaller"*, sondern ein ruhiges Tragen-Können des Schmerzes und das zu sich und seinen Gefühlen stehen, die Situation annehmen können und immer wieder neu einen Umgang zu suchen mit den sich zeigenden Gefühlen.

Manches lässt sich vielleicht nicht komplett auflösen. Auf körperlicher Ebene ist das zu beobachten: ich hatte zum Beispiel einen Bänderriss in meiner Jugend am Knie. Es wurde wunderbar nach neuester Technik operiert. Dennoch ist dieses Knie bis heute ein wenig schwächer und anfälliger als das andere. Es wird nie wieder komplett wie zuvor. So ist es einfach. Und ich glaube, für psychische schwere Verletzungen gilt dies ebenso. Trotzdem kann das Leben erfüllend, freudvoll, energiegeladen und schön sein. Trotzdem!

Ein weiterer aufwühlender Punkt war für mich, dass der Kleine in der Wohnung des Vaters ein eigenes Zimmer zur Verfügung hatte und bei mir nicht. Dabei ging es mir weniger darum, dass er mehr Platz für sich brauchte, weil das wollte er zu diesem Zeitpunkt noch gar nicht. Ich stillte noch und er war ohnehin die ersten zwei Jahre am liebsten nah bei mir. Sondern vielmehr um die Möglichkeit, ihm einen eigenen Raum zu gestalten, etwas worauf ich mich immer gefreut hatte. Ein Kinderzimmer hübsch herzurichten und damit im Ausgestalten der Umgebung für mein Kind auch Werte und Haltungen zu transportieren und mich parallel in meiner Mamarolle selbst ein Stück weiter zu gestalten. Ich, die ich dies so gerne gemacht hätte, fühlte mich sehr limitiert und mein Ex, der die Trennung initial wollte, hatte derart viel Freiraum. Das machte mich wütend und frustriert.

Noch heftiger wurde es als einige Wochen nach unserer zweiten Trennung bereits eine neue Frau in das Leben meines Ex und unseres Kindes trat und begann, dort eine Rolle zu spielen. Sie gestaltete Teile des dortigen Kinderzimmers um, kaufte Klamotten für den Kleinen und er begann zunehmend von ihr zu berichten, so gut es ihm mit zweieinhalb Jahren möglich war. Jedes Umgangswochenende packte ich eine Reisetasche mit Sachen und immer wieder war darin beim Auspacken am Sonntagabend neues Spielzeug, Kleidung oder anderes vom Bezugsfeld meines Ex wie etwa den Großeltern, was schmerzte, da ich sie gerne mochte, oder der neuen Frau. Ich musste es hinnehmen, da der Kleine die Sachen liebte und ich wollte, dass es ihm gut ging und er nicht das Gefühl haben sollte, mir gegenüber nicht frei sprechen zu dürfen. Also schluckte ich den Schmerz und versuchte ihn im Gespräch mit nahestehenden Menschen herauszulassen. Ärgerlich und schwer wurde es auch zunehmend dadurch, dass ich mich ab dem Zeitpunkt der neuen Partnerschaft meines Ex zunehmend aus dem Leben meines Kindes zu den Umgangszeiten gedrängt fühlte. Meine Informationsgesuche wurden abgeschmettert etwa damit, dass mich sein Privatleben nichts angehe und er mir keinerlei Rechenschaft darüber ablegen müsse was er wie und mit wem mache, wenn der Kleine bei ihm sei. Eine Trennung zwischen: „Privatleben" und „Verantwortung als Vater und Elternpaar" hinzubekommen war lange Zeit kaum möglich. Seit die „Next" Einzug gehalten hatte, wurde ich zunehmend abgedrängt und erfuhr höchstens auf mehrmaliges Nachfragen einige wenige Erlebnispunkte.

Ich wünschte mir einen transparenten Umgang und es war schmerzhaft für mich zu sehen, wie stark sich mein Ex plötzlich verschloss. Wir waren beide emotional überfordert. Nicht nur schmerzte es mich so schnell ersetzt worden zu sein, sondern ich hatte tatsächlich bis zu diesem Moment noch Hoffnung gehabt, dass es noch eine Chance gäbe, wenn ich erst mal meine eigenen vier Wände bezogen und meinen neuen Job angetreten hätte. Schließlich war ich nun zum ersten Mal unabhängig und innerlich frei vom drängenden Versorgungswunsch, welcher viel Druck auf unseren zweiten Beziehungsversuch ausgeübt hatte, so dachte ich. Ich konnte nicht akzeptieren, dass der Mann in welchen ich mich Hals über Kopf verliebt hatte und welchen ich noch gar nicht wirklich zu kennen dachte, mich und alle gemeinsamen Träume bereits an den Nagel gehängt hatte. In meinen Augen hatten wir als Paar kaum existiert und ich wollte unbedingt noch einen Versuch wagen, bei dem jeder „auf eigenen Beinen stand" und man sich auf Augenhöhe begegnen konnte. Dies war mit Eintritt der plötzlichen Schwangerschaft bereits nach wenigen Wochen kaum noch der Fall gewesen. Ich konnte nicht einfach aufgeben und hinnehmen, dass es vorbei war, noch ehe es in meinen Augen wirklich begonnen hatte. Nun musste ich es.

Erst viel später begann ich zu erkennen, dass die mitreißende und intensive, zum Teil destruktive Dynamik zwischen uns die Realität war und es kein „es hätte anders doch so schön sein können" gab. Das, was sich zwischen uns zeigte waren wir, es gab keine unentdeckten Möglichkeitsräume. Es funktionierte nicht, wir passten überhaupt nicht zueinander und taten uns und unserem Umfeld nicht gut. Ich musste lernen die Dinge wie sie waren zu akzeptieren, anzunehmen und auf vielen Ebenen loszulassen.

7. KOMMUNIKATION MIT DEM EX

Vom Vorwurfskarussell und Suchen des passenden Maßes

Hierzu ist in den vorherigen Kapiteln bereits einiges angeklungen. Aber es ist ein zentrales Thema für getrenntlebende Eltern, daher kann man dazu wohl nicht genug denken, fühlen und schreiben. Oder doch?

Unsere Kommunikation nach der Trennung, welche überwiegend via Messengerdienste lief, unterlag verschiedenen Phasen. Vor allem in der Anfangsphase der Trennung war der Austausch emotional aufbrausend, steif und vorwurfsvoll. All die bis hierhin beschriebenen Gefühle machten eine distanzierte, funktionale Kommunikation nahezu unmöglich für mich. Und wie gesagt: ich finde das ok so. Wohin auch sonst mit den Gefühlen? Sie gehörten genau an diese Stelle – zwischen ihn und mich - und nirgendwo sonst hin. Dennoch war es kräftezehrend und ab einem gewissen Punkt nicht mehr funktional im Sinne des „Mir-Luft-Verschaffens", sondern laugte mich zunehmend aus. So gab es Zeiten, in denen wir vermehrt den Austausch suchten, in der Hoffnung mehr Transparenz und gemeinsame Ausrichtung zu finden. Dann gab es wieder Momente der Schmerzaktivierung und des Konflikts, welche in Rückzug und Kommunikationsabstand mündeten um anschließend wieder eine Annäherung im Austausch zu suchen.

Auch wenn mir klar war, dass die digitale Kommunikation fehleranfällig ist und Missverständnisse begünstigt, so muss ich es mir bis heute immer wieder bewusst machen. Eine nicht unwesentliche Menge an Konflikten resultierte aus Missverständnissen durch Textnachrichten. Aber das ist ein Paradoxon, da man diese distanzierte Form ja wählt, um sich nicht ständig sehen zu müssen und Gefühle aufzuwühlen. Ein echter Balanceakt!

Wir sind beide wortgewandte Menschen und so finden wir für alles Mögliche Worte, was manchmal befreiend und manchmal belastend sein kann. Die anfangs suggestiv gestellte Frage bezieht sich darauf. Denn, bei all dem Idealismus aktive, wohlwollende und freundschaftlich verbundene Eltern für den Kleinen zu sein, gab es in unserer Trennungsgeschichte auch ein zu viel an Kommunikation würde ich heute sagen. Zumindest in Aspekten. Unter anderem dem Aspekt meiner Selbstoffenbarungen, mit welchen ich auf emotionalen, persönlichen Austausch hoffte zum Ziel des gegenseitigen tieferen Verständnisses, wogegen mein Ex häufig auf distanzierte, reduzierte, manchmal nahezu symbolische Art antwortete. Und wie gesagt hatte dies seinen Gipfel zum einen als die neue Partnerin ins Spiel kam, zum anderen als nach Jahren der Trennung immer wieder Hoffnungen und romantische Gefühle meinerseits aufflammten. Ich merkte, ich musste mehr auf Abstand gehen, ebenfalls meine Botschaften reduziert formulieren und mich mehr schützen. Viele in meiner Umgebung hatten mir bereits zu Beginn geraten, den Kontakt auf ein Minimum zu reduzieren und auch die Übergaben so kurz wie möglich zu halten. Aber ich wollte so sehr, dass unser Kleiner das Gefühl hatte, dass wir noch beide für ihn da sind und es noch ein wohlgesonnenes „Wir", wenn auch in anderer Form, gibt, dass ich nicht offen war für diesen Schritt.

Wir konnten uns meist über alle, das Kind betreffenden wesentlichen Themen austauschen und fanden früher oder später auch eine gemeinsame Haltung, was wertvoll war und ist. Dennoch gab es zwischendurch aufbrausende, verletzende Momente auf beiden Seiten. Heute bin ich froh, dass wir es immer wieder geschafft haben in grundsätzlich wohlgesonnener Verbindung zu bleiben, auch wenn das zwischenzeitlich unmöglich schien. Abstand und reduzierter Austausch waren und sind für mich oft ein Schlüssel, um meinem Ex wieder neutraler begegnen zu können und eine zunehmend funktionale Kommunikationsebene zu erreichen. Mit funktional meine ich nicht nur kurzen, sachlichen Austausch, sondern auch emotional in dosierter Weise füreinander spürbar werden und auch den ein oder anderen Moment zu dritt zu genießen wie etwa bei einer Tasse Kaffee im Rahmen der Übergabe. Das finde ich wichtig, denn wir sind immer noch eine Form von Familie, lieben unseren Sohn und schätzen uns grundsätzlich als Menschen. Daher gehört die emotionale Ebene für mich ebenso zur Funktionalität des Familienlebens, wie das konkrete Organisieren des Elternalltags. An dieser Stelle wird es dann meist herausfordernd, da ich zum einen gelernt haben muss meine Gefühle wahrzunehmen und auszudrücken und dann, und das finde ich ist der härteste Teil, mit den daraus resultierenden Gefühlen und Reaktionen des Gegenübers umzugehen, diese auszuhalten und einordnen zu können, um nicht in einem grausamen Vorwurfskarussell zu landen.

Es kann sehr schwierig sein angemessen miteinander zu kommunizieren. „Angemessen" muss auch jede Person für sich definieren und herausfinden. Ich verstehe Verzweiflungsgefühle in diesem Bereich total. Mir ging es oft so und es kommt bis heute, wenn auch seltener, vor. Es geht ja um nichts Geringeres als den kleinen Menschen, den man über alles liebt und unter Einsatz all seiner Kräfte geboren hat. Da sind archaische Gefühle im Spiel, die manchmal nicht zu regulieren sind. Das Bewusstsein darüber erscheint mir wichtig und manchmal verändert sich allein dadurch etwas. Man kann lernen verständnisvoller mit sich zu werden.

Zur Elternkommunikation gehören immer beide. Ich würde es sogar noch ergänzen: es gehört auch meine Kommunikation mit mir selbst dazu. Das macht es schwierig, weil je nach dem, was für innere Glaubenssätze da in mir sind und „wer" innerlich noch zu Wort kommt, beeinflusst dies wie ich mit dem anderen in den Austausch gehe. Das können, wie bei mir etwa überhöhte Bilder der „Mütterlichkeit" sein und Glaubenssätze, die manches erschweren. Etwa Sätze, welche ich dazu aus meiner Familie und der engen Umgebung verinnerlicht habe, wie: *„Als Mutter liebt man sein Kind immer und würde alles dafür geben"* (auch die eigenen Grundbedürfnisse bis zur Auflösung und völligen Erschöpfung hintenanstellen). Und in diesem Zusammenhang dann der beispielhafte Satz des Ex-Partners: *„Ich leiste genug! Du hast doch bereits alle zwei Wochen ein* *entspanntes Wochenende nur für dich.*" Dabei dann ruhig zu bleiben ist eine große Herausforderung. Die Innenwelt mit all ihren Facetten des jeweiligen Gegenübers zu verstehen ist sogar noch schwieriger, da wir nie einen wirklichen Einblick erhalten können. In unsere eigene können wir lernen zu blicken und sie kennenlernen. Gelingende Kommunikation hängt also auch von der persönlichen Reife und Selbstkenntnis ab. Hat hier bislang wenig Entwicklung stattgefunden, kann es schwer werden miteinander über ein derart emotional aufgeladenes Thema zu kommunizieren.

Da in unserer Geschichte kaum gemeinsame Paarzeit vor der Schwangerschaft bestand, kannten mein Ex und ich uns wie gesagt wenig. Entsprechend wenig hatten wir eine Kommunikationsstruktur für schwierige Lebenslagen entwickelt. Ist alles freudvoll und „rosarot", kommuniziert es sich leicht. Kommen Konflikte und massive negative Gefühle wie etwa Wut oder Angst ins Spiel, sieht es schon anders aus. Es ist müßig im Nachhinein zu überlegen, wie es anders vielleicht gewesen wäre, es war einfach so. Wie bereits erwähnt, spiegelte die damalige Paardynamik uns als Menschen recht gut wider, und zeigte, wie wenig wir in der Tiefe zueinander passten. Dennoch denke ich, es hätte an manchen Stellen verständnisvoller laufen können, wenn wir uns vorab schon durch einige Täler hindurch begleitet hätten. Ich wusste nicht, wie mein Ex ist, wenn er wütend wird, oder was er braucht, wenn er traurig ist, welchen Stellenwert seine Familie hat. Er wusste dies ebenso wenig von mir. Im Ausnahmezustand der Schwangerschaft und Säuglingszeit fühlte ich mich kommunikativ noch „harmoniebedürftiger" und dünnhäutiger als sonst und ging Konflikten eher aus dem Weg. Dies führte zu einer Menge aufgestauter Gedanken und Gefühle, welche sich in der Trennung und der Zeit danach zeigten und entluden.

Jeder Mensch lebt in seiner Realität. Und so sehr mir daran gelegen war eine gemeinsame zu schaffen, so sehr musste ich lernen mich abzugrenzen, nur von mir zu sprechen und meinen Standpunkt zu vertreten. Seine Realität war immer eine andere, begonnen mit der völlig anders gearteten Innenwelt, seinen Prägungen und Arten und Weisen mit dem Leben umzugehen bis hin zur Körperlichkeit, von welcher ich in den vorangegangenen Kapiteln ja bereits schrieb. Dies führt bis heute zu wiederkehrenden Konflikten und anstrengenden Ringkämpfen, in welchen beide für ihre jeweilige Sichtweise eintreten.

Dennoch bin ich froh, immer wieder Wege aus der Destruktivität in der Ex-Paar- und Elternkommunikation gefunden zu haben, bei aller Komplexität durch Gefühle, organisatorische Notwendigkeiten und Distanz. Dabei ist mir bewusst, dass dies nicht selbstverständlich ist und es getrennte Eltern gibt, welche im Rechtsstreit enden und manchmal ein Radikalschnitt aus verschiedenen Gründen unumgänglich ist. Meine Perspektive ist die einer Mutter, welche lebendige Elternschaft trotz Trennung anstrebt, wozu vor allem eine funktionale Kommunikationsstruktur gehört. Miteinander immer wieder Austausch zu suchen, trotz all der belastenden Gefühle, wiederkehrenden Konflikten und aufgeladenen Emotionen hinsichtlich „Das-Beste-Für-Unser-Kind-Wollen", ist eine regelmäßige Herausforderung und zieht mir in manchen Phasen viel Energie ab, welche dann für anderes fehlt. Im Vergleich zu einer wohlwollenden, liebevollen, harmonischen Partnerschaft, fühlt es sich dann schwer und unfair an. Aber welche langjährige Partnerschaft mit kleinen Kindern ist das schon? Der Autor Thomas Meyer schreibt sogar, vier von fünf Paaren passten nicht zueinander, litten darunter und verursachten dadurch auch für ihr Umfeld wie etwa die gemeinsamen Kinder zunehmendes Leid.[14] Im Vergleich zu einer solchen mäßig bis schlecht funktionierenden Partner- und Elternschaft meine ich, schneiden wir recht gut ab. Und wenigstens, so denke ich oft, muss ich nicht auch noch das fürchterliche Gefühl von „Zweisam-einsam" ertragen, mich täglich um Erziehungsfragen streiten oder um eine Partnerschaft ringen.

Getrennte Elternschaft ist ein beweglicher Prozess, in welchem das Pendel mal mehr in Richtung Kooperation und mal mehr in Richtung Ko-Existenz schwingt. Bis heute ist es für mich ein fragiles

Konstrukt, dessen Balance immer wieder meiner Aufmerksamkeit bedarf. Dabei kann mein Bedürfnis nach Harmonie oft nicht gewahrt, aber zumindest ein ausreichendes Gleichgewicht wieder hergestellt werden, um die gemeinsame Verantwortung als Eltern bestmöglich bewerkstelligen zu können.

8. NETZWERK

Jäten und Erblühen

Unumstritten ist unser persönliches Netzwerk eines der tragenden Elemente in meiner ganzen Alleinerziehenden-Geschichte.

Das begann mit meiner ältesten Freundin und geplanten Trauzeugin, die direkt am Trennungsnachmittag kam und mit mir sprach, einem Häufchen Elend auf dem Sofa zusammengekauert sitzend. Was sie genau sagte, weiß ich nicht mehr. Ich weiß nur noch, dass sie mehrfach in einer Mischung aus Entsetzen und Ungläubigkeit sagte: *„Das kann er doch nicht so meinen! Jetzt warten wir erst mal ab."* Und es ging weiter in einen Großteil meiner Familie hinein. Meine Mutter, die den Kleinen und mich wenige Stunden nach der Trennung in der Tiefgarage mit einem notdürftig gepackten Koffer und dem abgebauten Babybett in ihr Auto einlud und zu sich nach Hause fuhr, oder den späteren Umzug ins Elternhaus zu meinem Vater und seiner Frau. Meine Großeltern, die mithalfen und im Rahmen ihrer Möglichkeiten Betreuung übernahmen und Freundinnen, die anriefen und immer wieder ein offenes Ohr und Herz hatten. Auch meine Schwester, welche übergangsweise nach Beendigung ihres Studiums mit bei meiner Mutter wohnte und immer wieder offen war für emotionale Ergüsse meinerseits oder sich liebevoll mit dem Kleinen beschäftigte.

Es war mir eine große Stütze, ohne welche ich sicherlich mein Studium nicht hätte beenden können. Das klingt vielleicht in so einer Situation erst mal unwichtig, aber ich erkannte und spürte, dass der Studentinnenstatus zu Beginn für mich der einzige feste Rahmen war, der noch etwas hielt. Er bot ausreichend Flexibilität und Freiraum und als Corona nach dem ersten Semester einschlug und alles online stattfand, war dies für mich mit Baby ein Segen. Ich hatte einen Status im System, welcher weniger negativ behaftet war als „arbeitssuchend", „einfach nur 3 Jahre Elternzeit" und erhöhte parallel meine Chance auf eine angemessene Arbeitsstelle. Auch wenn ich manchmal dachte, dass ich es nicht mehr schaffe und absolut keinen Kopf fürs Studieren hatte, so war es doch ein Rahmen, der mir persönlich Halt, Perspektive und Hoffnung gab und mit mir selbst zu tun hatte, als sich alles andere aufzulösen begann. Tatsächlich hätte ich meine aktuelle Arbeitsstelle nicht bekommen ohne das Masterstudium. Und nach nun zweieinhalb Jahren Berufstätigkeit kann ich zwischenzeitlich auch sagen, ich hätte diesen Job ohne mein Netzwerk, welches bei krankem Kind und ähnlichem einsprang, kaum halten, geschweige denn erfüllend für mich gestalten können.

Auch die Krippenbetreuung war eine große Unterstützung für mich im ersten Jahr. Ich wusste meinen Einjährigen dort halbtags gut aufgehoben und fühlte mich durch kurze Gespräche mit den Erzieherinnen zwischen Tür und Angel ermutigt und gestärkt, vor allem da ich mir große Vorwürfe und Sorgen machte, dass dem Kleinen etwas fehlen und er auf Grund der Trennung und meiner hoch angespannten emotionalen Lage leiden könnte. Oft fragte ich mich, ob dieses oder jenes Verhalten „normal" sei und erfuhr hier immer wieder liebevolle Beruhigung von Seiten der Erzieherinnen. Dafür bin ich noch heute dankbar. Vor allem da sich dies dann schlagartig änderte, als wir zu meinem Vater umsiedelten, damit die Gemeinde wechseln mussten, den Krippenplatz verloren und eine neue Kita brauchten. In dieser litt ich dann über ein Jahr lang Qualen. Es fühlte sich dort überwiegend wie Massenabfertigung an, ging chaotisch und wenig liebevoll zu. Vor allem auf Elternarbeit schien wenig Wert gelegt zu werden. Ich musste mir oft vehement Gehör verschaffen, hatte in kurzen Gesprächen aber dennoch das Gefühl abgespeist und als Mensch weder gesehen zu werden noch von Interesse zu sein. Von unterstützenden Gesprächen konnte ich nur träumen. Ich war zunehmend verunsichert, die Kommunikation wurde holpriger, vorwurfsvoll von beiden Seiten und letztlich, nach vielen nervösen Nächten und Grübeleien entschloss ich mich zu einem erneuten Wechsel. Bis heute eine der besten Entscheidungen! Was für eine positive Kraft in einer guten Kinderbetreuung steckt, die sich bis in die Zellen meines Körpers entspannend und gesundheitsfördernd auswirkt und so auch für meinen Sohn, erfuhr ich durch diese Geschichte. Dies ist elementar vor allem wenn man durch eine persönliche Krise geht und als Eltern auf viel Betreuungszeit angewiesen ist. In Kapitel 11 gehe ich daher nochmals darauf ein. Diesen Weg ging ich allerdings allein, von verschiedenen Richtungen wurde mir von einem erneuten Wechsel abgeraten.

Ich lernte, dass es unterschiedliche Formen der Unterstützung gibt und diese auf verschiedene Menschen verteilt sein können wie zum Beispiel emotionale, praktisch-anpackende und finanzielle Unterstützung. Ich schrieb mir diese Kategorien und Unterkategorien tatsächlich auf, versah sie mit Namen von Menschen aus meinem Netzwerk und schaute auf diese Liste, wenn mir hundeelend zumute war und ich mich einsam und verlassen fühlte. Manchmal beruhigte mich allein der Anblick und zeigte mir auf, was ich tun und wen ich um Unterstützung bitten konnte. Ich legte nach und nach meine innere Barriere ab und öffnete mich der Verletzlichkeit „Hilfe zu benötigen". War es zu Beginn noch schwer für mich zu ertragen plötzlich wieder so abhängig etwa von meinem Elternhaus und der Familie zu sein, so lernte ich Stück für Stück dies zu schätzen und als natürlichen Bestandteil des menschlichen Daseins anzunehmen. Manchmal gibt es immer noch Momente, in denen es mir nicht leichtfällt, beziehungsweise ich erst in Erschöpfungs- oder Anspannungszustände kommen muss, um festzustellen, dass ich bereits seit geraumer Zeit versuche, wieder alles wie früher allein zu stemmen. Immer wieder stelle ich fest, bei allem Autonomiestreben und berechtigtem Stolz, dass weder mir noch meinem Kind gedient ist, wenn ich mal wieder krank oder seelisch derart überladen bin, dass ich kaum noch ein freudvolles, freundliches Wort spreche. Weder zu meinem Kind noch zu mir selbst. Ich kreiere damit eine unnötig giftige Atmosphäre in meinem Leben, welche ein menschliches Erblühen schwer macht. Ich bin mir bewusst, dass ich großes Glück habe, ein so hilfsbereites, vielseitiges Netzwerk in erreichbarer Nähe zu haben. Es ist lebensrettend dies zu nutzen und falls es wirklich keines gibt, sich eines aufzubauen.

Zu meinem gehören mittlerweile viele Menschen, das geht von den benannten familiären Verbindungen über Freunde in nah und fern, Erziehungs- oder psychologische Beratungsstellen, bis hin zu lockeren Bekanntschaften etwa an meiner Arbeitsstelle oder im Kindergarten. Eine freundliche Begrüßung zum Arbeitsbeginn, ein kurzer Austausch oder gemeinsames Kopfschütteln über Kindergartenbelange mit anderen Eltern... all das ist hilfreich. Ich würde auch Podcasts wie „Das AE-Team" hier einbeziehen, da er für mich immer wieder ein hilfreicher Augenöffner, kraftvolles Sprachrohr und ermächtigender Perspektivenwechsler war (s. dazu auch Kap. 16).

Unterstützendes Netzwerk hieß manchmal auch Abgrenzung und Abschied. So gibt es die ein oder andere Freundschaft, die nicht mehr besteht oder die schmerzhafte Erkenntnis, dass mit der ein oder anderen Person ein gewisses Maß an Distanz nicht unterschritten werden kann. Wirklich verabschieden musste ich mich allerdings nur von wenigen Menschen. Einiges hat aber eine neue Gewichtung erfahren und so gibt es Personen, die neu in mein Leben getreten sind und zu meinem jetzigen Ich besser passen als andere, welche viele Jahre zuvor eng an meiner Seite waren.

Auch hätte ich nie gedacht, dass meine eigene Familie einmal wieder eine derart zentrale Rolle in meinem Leben einnehmen würde. Manchmal ist das anstrengend und nervig und alte Konflikte werden lebendig, aber grundlegend ist es ein großes Geschenk und Chance auf Wachstum und Heilung, für welche ich dankbar bin. Ich kann heute klar sagen: ohne mein Netzwerk wäre ich physisch und psychisch weniger gesund und materiell ärmer – mein Kind ebenfalls.

Mir ist klar, dass nicht alle Alleinerziehenden das Glück eines großen Netzwerks haben, dafür mag es viele Gründe geben. Aber ich kann nur dazu ermutigen angebotene Hilfe annehmen zu lernen, egal ob monetär, betreuungstechnisch, emotional oder sonst wie. Und wo kein Netz ist, aktiv eines aufzubauen. Das kann auch durch andere Alleinerziehende über einen Alleinerziehendentreff oder Eltern im Kindergarten sein, nette Nachbarschaft, eine „Leihoma" oder Ähnliches. Es ist, gerade mit kleinen Kindern, einer der wichtigsten Lebensbausteine wie ich finde.

9. FEIERTAGE

Feiertagsstimmung auf dem Prüfstand

Geburtstage

Besonders schwer waren für mich die Geburtstage des Kleinen in den ersten drei Jahren nach der Trennung. Ich hatte sie mir immer, geprägt von meinen eigenen Kindheitserfahrungen, als bunte, freudvolle Veranstaltung mit Familie und anderen Kindern vorgestellt. In meiner Fantasie kamen sogar Geschwisterkinder vor. Vor allem sein erster Geburtstag wenige Monate nach der ersten Trennung kostete mich emotional viel Kraft. Ich saß da mit meinem kleinen Sohn in der Wohnung meiner Mutter und versuchte fröhlich zu sein. Wir bekamen großartige Päckchen gesendet und Glückwünsche, dennoch war es so ganz anders als geplant und tat sehr weh. Ich fühlte mich verloren. Als ich die Glückwunschkarte des Geburtshauses, in welchem wir vor einem Jahr so kraftvoll zusammen entbunden und ein existentielles Wunder gemeinsam vollbracht hatten, aus dem Briefkasten zog, liefen mir die Tränen über das Gesicht. Ich konnte erneut nicht glauben, dass dieser Traum, welcher gerade mal ein Jahr alt war, ausgeträumt war.

Mein eigener Geburtstag, welcher nur wenige Wochen nach der Trennung lag, spielte keine große Rolle in diesem ersten Jahr. Ich kann mich ehrlicherweise kaum noch an ihn erinnern. Wie so oft bekam ich es äußerlich aber offenbar prima hin, da es schöne Bilder von diesem ersten Geburtstag gibt, welche mich sogar stellenweise lachend zeigen. Wie trügerisch. In mir sah es ganz anders aus. Ob diese Fähigkeit ein Fluch oder Segen ist, frage ich mich bereits seit meiner Teenagerzeit. Der zweite Geburtstag fiel in die Phase des zweiten Beziehungsversuchs und zu diesem Zeitpunkt war dieser erneut in eine gewaltige Schieflage gerutscht durch meine drängenden Versorgungswünsche und das zunehmende „Mauern" meines Ex.

Dennoch wollte ich endlich das vereinte, fröhliche Familienfest, welches ich mir so sehr wünschte. So lud ich meine Schwester und Mutter nachmittags zu Kaffee und Kuchen in die Wohnung meines Ex ein und buk extra dafür einen aufwändigen Kuchen. Ich schleppte Deko und unsere wöchentlich schwere voll bepackte Übernachtungstasche und war bereits beim Aussteigen aus dem Auto gestresst. Das kleine Geburtstagskind spürte dies und legte einen Trotzanfall am Straßenrand hin, sodass mir der Kuchen aus der Hand fiel und auf dem Boden landete. Ich schrie den Kleinen wütend und verzweifelt an, fühlte mich ohnmächtig und alleingelassen. Ich wusste nicht, wie ich allem gerecht werden konnte. Ich bugsierte das brüllende Kind zum Hauseingang und weg von der Straße. Dann schleppte ich ihn und die Reisetasche hoch in den vierten Stock in die Wohnung meines Ex. Anschließend ging ich wieder hinunter und hob den Kuchen auf, welcher zum Glück nur an einigen Stellen Schaden genommen hatte. Ich war entnervt und reparierte mit Tränen in den Augen den Kuchen. Die Stimmung war auch im Verlauf weiter angespannt aber über Kuchen, Geschenken und den zwei Gästen ließ es sich irgendwie wegdrücken, dass für mich gar nichts stimmte und ich mich völlig alleingelassen fühlte. Denn das war es was diese Situation und der Kleine deutlich machten: hier stimmte momentan vieles nicht und auf meinen Schultern lastete zu viel Verantwortung.

Der dritte Geburtstag war dann zum ersten Mal in der eigenen Wohnung, auch wenn von Ruhe und Angekommen-Sein noch nicht die Rede sein konnte. Aber die Weichen waren gestellt. Immer noch fühlte ich Leere und vieles musste sich noch finden, auch durch meinen beruflichen Wiedereinstieg. Aber endlich hatte ich das Gefühl meine Energie nun in ein tragbares eigenes Fundament zu stecken und nicht ständig „in der Luft zu hängen". Ich kann gar nicht beschreiben, was für ein befreiendes und wunderbares Gefühl es war endlich einen eigenen Ort zu haben den ich aus eigenen Mitteln finanzieren konnte. Es war und ist eine schöne Wohnung, welche wie perfekt in vielen Aspekten für uns gemacht scheint. Diese Gefühle von Erleichterung, Stolz und Dankbarkeit, treiben mir noch heute manchmal Tränen in die Augen. Es zeigt mir wie wichtig dies für mich ist und wie schwer es war dies zu entbehren. Nun gehen wir auf den fünften Geburtstag zu und mittlerweile hat sich vieles eingependelt. Ich freue mich auf das Geburtstagsfest, die Familie hat sich auch wieder in ihren Rollen eingependelt und der Kleine hat Freunde gefunden, mit welchen dieses Jahr wohl zum ersten Mal so ein richtiger Kindergeburtstag stattfinden kann. Leere spüre ich keine mehr. Wir sind angekommen!

Familienfeste

Familienfeste waren für uns immer eine stärkende, freudvolle Sache und sind es bis heute. Die einzigen herausfordernden Situationen sind und waren die Hochzeiten zweier meiner Geschwister und enger Freunde und vielleicht ein bisschen, wenn ich sehe, wie diese mit ihren Partnern und Kindern als Kernfamilie zusammenleben. Hier kam ich in den ersten Jahren immer wieder in Kontakt mit dem Schmerz eigener geplatzter Träume. Gleichzeitig versuchte ich diesen Schmerz nun nicht mehr wegzudrücken, sondern ihn da sein zu lassen. So konnte ich mich Stück für Stück davon befreien und kann zum aktuellen Zeitpunkt sagen, dass ich diesen so nicht mehr empfinde. Eine kleine Traurigkeit für kurze Zeit, ja, Schmerz, nein. „Da sein lassen" klingt so nebulös. Damit meine ich, mich weder in ein Tränenmeer zu stürzen noch so zu tun, als sei alles kein Problem. Innerlich versuchte ich einfach in Kontakt mit mir selbst zu kommen und zu sein, zum Beispiel während der Trauzeremonie oder danach auf dem Fest und immer wieder mich selbst und meine Gefühle wahrzunehmen. Und ja, natürlich flossen ein paar Tränen. Manchmal aus Trauer über das „Loslassen-müssen" und manchmal aus Freude für das Paar und die darin steckende Lebensbejahung. Diese herausfordernden Situationen stärkten meine Selbstanbindungsfähigkeit, ich begann sie dadurch sogar erst nachhaltig zu lernen.

Weihnachten

Das erste Weihnachten nach der Trennung erlebten wir bei meiner Mutter, das zweite bei meinem Vater. So fanden hier die Feiertage nahezu, wie „früher" statt, nur mit dem Unterschied, dass ich nun mit meinem Sohn im Elternhaus lebte, was auch eigenartig war. Dennoch war ich an den Feiertagen dankbar und sie gestalteten sich größtenteils warm und schön. Wie wenig selbstverständlich dies ist, durfte ich erst diesen Sommer spüren in berührenden Gesprächen mit einer anderen Alleinerziehenden, welche ich im Urlaub kennenlernte. Sie berichtete von einem großen Einsamkeitsgefühl und dem Alleingelassen-werden von ihren Eltern, sodass sie mit ihrem ähnlich alten Sohn ganz allein zuhause sitzt. Geschwister, Tanten, Onkel, Großeltern gibt es nicht. Das macht mich traurig und lässt mich dankbar sein für mein eigenes Netz.

Das erste Weihnachten in den eigenen vier Wänden gestaltete sich dann aber eher schwierig. Nicht nur, dass wir im ersten Winter viel krank waren, ich aber im neuen Job noch in Probezeit war und viel Druck verspürte, dass alles funktionieren muss, sondern ich wollte zum ersten Mal Weihnachten in unserem eigenen Zuhause feiern und dazu einen Teil der Familie einladen. Wieviel Arbeit es ist Gastgeberin zu sein und Christkind zu spielen hatte ich völlig unterschätzt. Weihnachtsbaum besorgen, Aufräumen, Geschenke, Essen. Obwohl ich versuchte es nicht zu übertreiben, kam ich völlig an meine Grenze mit einem gerade drei gewordenen Kind und allein. In meinem Inneren flimmerten alte Kindheitsbilder von vollen, kinderreichen, warm-wohligen Weihnachten umher. Während ich gleichzeitig, zunehmend am Ende meiner Nerven, versuchte Christkind zu spielen, das Essen vorzubereiten und alles, ohne dass es der Kleine mitbekam. Denn schließlich war die zauberhafte Stimmung, die das geheimnisvolle Christkind in meiner Kindheit verbreitete, daran geknüpft, dass man nicht sah, wie die Eltern sich abrackerten. Wohlgemerkt plural. Ich versuchte all das allein. Ich war es zu diesem Zeitpunkt und mit der veränderten Situation nun autonom zu wohnen, noch nicht gewöhnt das Netzwerk sinnvoll zu nutzen. Und meiner Familie war es wohl ebenso wenig bewusst wie mir, was das für mich bedeutete. Auch musste ich diesen Teil meiner Mutterschaft erst kennenlernen und entwickeln. Der neue Umstand des Alleinlebens brachte erneut unbekannte Aspekte hervor, welche ich mir bewusst machen und dann einen Umgang damit lernen musste. Wie mit so vielem seit der Trennung. Als Single kam ich immer gut allein klar und suchte auch wenig die Unterstützung meiner Familie. In Paarbeziehungen gab es dann immer auch den anderen als erste Ansprechperson in allen Lebenslagen. Aber jetzt mit Kleinkind und alleinerziehend spürte und erlebte ich, wie sehr ich dieses Netzwerk brauchte und man sich gleichzeitig hierin gegenseitig stützen kann.

Mein Sohn freute sich an diesem ersten eigenen Weihnachten zunächst gar nicht über das „Weihnachtszimmer" und hatte Angst vor dem Christkind, was mich zusätzlich stresste. Ich wertete mich für meine hohe Erwartungshaltung ab. Schließlich war das alles auch für ihn neu und er spürte und spiegelte, wie so oft, meine Anspannung und Nervosität. Aber als ich aufgelöst meinem Vater und seiner Frau am Nachmittag die Tür öffnete, griffen sie mir stützend unter die Arme und das Fest wurde dann noch richtig schön und feierlich, wenn auch kleiner als in meiner Wunschvorstellung. Und der Kleine freute sich natürlich über all die Geschenke und begann den geschmückten Baum zunehmend neugierig zu erkunden.

Das zweite Weihnachten in „Eigenregie" war dann schon weniger angespannt, da ich aus den Erfahrungen lernte und zum einen meinen Anspruch alles im Verborgenen vorzubereiten über Bord warf und den Weihnachtsbaum mit meinem Sohn gemeinsam kaufte und schmückte. Das machte uns beiden viel Spaß. Zum anderen bat ich um Betreuungsunterstützung in der „Christkind-Zeit" und er war dann für ein paar Stunden bei den Großeltern.

Nicht zu vergessen ist natürlich, dass auch der Vater seine Zeit mit seinem Sohn an Weihnachten wollte. Da er an Heiligabend meist noch arbeitete, vereinbarten wir immer einen der Weihnachtsfeiertage als Umgangszeit inklusive einer Übernachtung. Die beiden anderen Tage war der Kleine bei mir und meiner Familie. Das funktionierte recht gut, wenn auch einige Diskussionen im Vorfeld darüber welche Weihnachtstage „wichtiger" sind als andere, stattfand. Aber bislang fanden wir immer einen Kompromiss und dieses Jahr wird unser Sohn zum ersten Mal Heiligabend bei seinem Papa verbringen.

10. URLAUB UND FERIENZEIT

Notwendiges Innehalten und neugieriges Entdecken

Das Thema Urlaub und Ferien wurde erst nach meinem Studium ein größeres Thema. Da ich als Studentin recht flexibel war und ebenfalls längere Semesterferien hatte, stellten Ferien und Schließzeiten der Kita kein Problem dar und mein Ex nahm seinen Urlaub überwiegend so wie es für ihn gut passte. Wir mussten nicht zwangsläufig Schließzeiten abdecken. Das war eine große Erleichterung. Urlaube und Reisen unternahm ich in den ersten drei Jahren nach der Trennung aus finanziellen und emotionalen Gründen vor allem im nahen Umfeld. Mir fehlte oft die Kraft eine Reise zu planen und ich spürte Angst vor Überforderung und Einsamkeit beim Gedanken an eine Reise allein mit Kleinkind. Eine meiner Sorgen war etwa: *„was mache ich dann an den Abenden allein oder wenn es mir zu viel wird oder einer von uns krank wird?"* So fuhren wir etwa einige Male mit meinen Großeltern auf den Campingplatz, welcher weniger als zwei Stunden Autofahrt entfernt liegt und wo ich selbst schon große Teile meiner Ferien als Kind verbracht hatte. Es war ein ruhiger, positiv besetzter Ort für mich – genau das Richtige in dieser turbulenten Zeit. Oder wir besuchten Freunde in unterschiedlichen Städten Deutschlands. So waren wir ein bisschen unterwegs, dabei eingebunden und ich fühlte mich durch die Gemeinschaft entlastet.

Erst als ich selbst wieder ins Berufsleben einstieg, wurden die Absprachen hinsichtlich der Schließzeiten ein Thema. Als wir die Kita wechselten und hier nun erheblich mehr Schließtage abdecken mussten, wurde das Thema zu einer Herausforderung. Ich musste mich vermehrt mit meinem Ex absprechen, was Anstrengungen und Konflikte hervorbrachte. So hatte er zunächst, durch den erneuten Arbeitsplatzwechsel und Probezeit nur wenige Möglichkeiten Urlaub zu nehmen, dann klafften die Vorstellungen wie lange der Kleine mit ihm und getrennt von mir gut wegstecken würde auseinander. Auch hier spielte mein persönliches Netzwerk eine zentrale Rolle. Ohne dieses wäre zum Beispiel ein Wechsel in die neue Kita nicht möglich gewesen.

Erst im vierten Jahr nach der Trennung verspürte ich den Wunsch mit meinem Sohn einmal „richtig zu verreisen". Ich wollte selbst nach Jahren endlich wieder ein anderes Land erleben und das Meer sehen. Hierzu recherchierte ich längere Zeit und wälzte diesen Wunsch in mir. Darüber stieß ich auf eine wunderbare kleine Pension auf einer griechischen Insel über einen Reiseanbieter für natürliches und nachhaltiges Reisen. Schon beim Stöbern auf der Website dachte ich: *„Wow! Da will ich hin!"* Und bereits beim Buchen der Reise fühlte es sich an wie ein Befreiungsschlag. Es machte mich stolz, ich fühlte mich selbstbewusst, mutig und hoffnungsvoll.

Diese Reise nach Griechenland, wo ich bis dahin noch nie war, liegt zum Zeitpunkt des Schreibens dieses Kapitels, erst wenige Wochen zurück und gehört definitiv für mich in die Kategorie „super Entscheidung für mein Leben". Ich hatte im Vorfeld Angst vor Frust und zu viel Verantwortung für meine zwei Schultern. Diese konnte ich bereits im Vorhinein durch eine transparente, ansprechende Website und freundlichen, offenen Kontakt mit der Einrichtung größtenteils ausräumen und die restliche Anspannung fiel, als wir vor Ort ankamen. Wir fanden Freunde, ich traf auf andere Alleinerziehende und interessanten Austausch und eine sicherheitgebende und gleichzeitig offen gestaltete Umgebung. Für uns war es genau das Richtige und ich bin sehr froh mich getraut und diese Fernreise mit dem Kleinen gemacht zu haben. Ein kraftvolles, stärkendes Erlebnis. Auch für unsere Beziehung. Ich kann mir gut vorstellen, dort wieder hinzureisen, sobald der Geldbeutel es zulässt. Diesbezüglich entdeckte ich die Nebensaison für uns, da hier die Preise etwas günstiger sind als zur Hauptsaison. Das ist besonders mit noch nicht schulpflichtigen Kindern eine gute Möglichkeit.

Der positive Nebeneffekt wie ich finde war, dass wir vor Ort in der Pension auch überwiegend Familien mit kleinen Kindern trafen, so wunderbar gemeinsames Spiel unter Gleichaltrigen stattfand und wir Eltern einigen verbindenden Gesprächsstoff hatten. Der Ortswechsel in eine neue Gegend, mit all den Kilometern zwischen Zuhause und dort, brachte auch eine emotionale Distanzierung von den Belastungen und Gedankenspiralen Zuhause. Ich sah alles innerlich mit mehr Abstand und das tat gut. Obwohl es nur eine gute Woche war, bin ich erstaunt wieviel Ruhe und Erholung ich dadurch gewonnen habe. Und dass, obwohl ich genau vor dieser großen Distanz Angst hatte zu Beginn. Aber auch hier glaube ich es war wichtig auf mein Bauchgefühl zu hören und mich nicht zu zwingen eine Reise zu unternehmen, bevor ich nicht die Lust dazu verspürte. Ich selbst bin, bis zur Geburt, immer gerne gereist, auch in weiter entfernte Länder. Ob nun durch die Mutterschaft oder das Alleinerziehendsein, das kann ich natürlich nicht genau sagen, verlor ich das Interesse daran, beziehungsweise überwogen Ängste und Sicherheitsbedürfnis. Mir diesen eigenen inneren Anteil zurückerobert zu haben, fühlt sich großartig an.

11. WENN DIE KRISE VON AUSSEN KOMMT

Das lange Ringen um eine passende Kinderbetreuung

Ein äußerst belastender Umstand nach der Trennung und dem bereits Beschriebenen war in meiner Geschichte der Kitawechsel beziehungsweise das, was dem Wechsel vorausging.

Durch den Umzug von der Wohnung meiner Mutter in das Haus meines Vaters wechselten wir die Gemeinde und mussten uns eine neue Kita suchen. Dies erfolgte nicht unter Druck und direkt, sondern im Verlauf mehrerer Wochen, in welchen ich den Kleinen morgens und mittags je eine Stunde in seine alte Kita pendelte, um dazwischen drei Stunden Zeit für mein Studium zu haben. Irgendwann konnte ich den Stress des Hin- und Herfahrens im Verhältnis zur Betreuungszeit nicht mehr aushalten. Zudem war klar, dass wir auf Dauer den Platz abgeben müssen. Der Kleine war gerade zwei Jahre alt geworden und somit noch im U3-Bereich. Hier eine Betreuung zu finden war eine Herausforderung, zumal es dieses Mal eine Ganztagesbetreuung sein sollte, um meinen nahenden Jobeinstieg zu ermöglichen. Wir wohnen in keinem Dorf, dennoch waren die Plätze begrenzt, zumal einige reine Krippen auch keine Kinder für weniger als ein Jahr aufnahmen, das finanzielle Budget beachtet werden musste und die Einrichtung für beide Elternteile erreichbar sein sollte. So fanden wir nach einem aufreibenden Prozess endlich eine formal geeignete Einrichtung, welche ein offenes Konzept pflegte für Kinder im Alter von eins bis sechs Jahren. Super, dachte ich, dann muss er nicht noch ein Wechsel erleben und ich mit Eingewöhnungsstrapazen, Abschieden etc. auch nicht. Leider kam es anders.

Denn beim inhaltlichen Kennenlernen der Einrichtung hatte ich von Anfang an ein flaues Gefühl. Wir wurden einer unerfahrenen Bezugserzieherin zugeordnet, mit welcher ich schlecht zurechtkam.

Sie zeigte bereits beim Eingewöhnen wenig Interesse an meinem Sohn, war sehr darauf bedacht „keine Fehler zu machen" und füllte entweder Beobachtungsformulare aus oder schoss Fotos. Auch die deutsche Sprache war offenbar noch schwer für sie und wir hatten immer wieder Kommunikations- und Verständnisschwierigkeiten, was es auch für meinen Sohn erschwerte. Inwiefern die Verschleierung ihres Kopfes und eine dicke Brille eine Barriere für den Kleinen darstellten, weiß ich nicht. Aber die Eingewöhnung lief über sechs Wochen und war eine Qual. Er konnte mit ihr keine Verbindung aufbauen und auch sie schien überfordert mit einem so kleinen Kind. Mein Eindruck war, dass ich hinsichtlich der Einrichtung wenig weitere Auswahl hatte, spürte zudem keine Kraft nochmals weiter zu suchen und wollte ihr auch eine Chance geben. Schließlich musste sie noch lernen und jemand musste ihr erstes Kind sein. Meine Hoffnung, dass andere erfahrene, wohlwollende Erzieherinnen die Situation ausgleichen und uns weitere Kontaktmöglichkeiten bieten würden, verflog im Ablauf weiterer Monate. Alle schienen gestresst, unterbesetzt, die voll um sich greifende Corona-Pandemie hielt alle dazu an, die Kontakte zu minimieren und brachte erheblichen Stress durch tägliche Testungen und ständige Krankmeldungen mit sich.

Lange Zeit entschuldigte ich die Hektik, Beziehungslosigkeit und Turbulenzen in der Kita mit den zunehmend engeren Coronabestimmungen und diesbezüglichen Ängsten, welche auch vor der Kita nicht Halt machten. Dennoch hatte ich zunehmend Bauchweh beim Betreten der Einrichtung und der Kleine wollte sich morgens kaum von mir trennen. Es war insgesamt eine eineinhalbjährige Tortur, welche meinen Alltag zunehmend überschattete. Schließlich gab ich meinen Zweijährigen jeden Tag für viele Stunden dort hin und hatte so zu den sowieso schon weißen Flecken durch die Umgangszeiten noch weitere große Zeitfenster, in denen ich kaum etwas von ihm erfuhr. Immer wieder wechselten Erzieherinnen, kamen Praktikanten, welche nicht vorgestellt wurden oder im Chaos wurde vergessen eine Windel zu wechseln und ich hörte nach acht Stunden und wundem Po mit abgewetzter Windel: *„Er hatte ja nur*

Urin drin." Einmal ging der Schnuller verloren und nach zwei Wochen, in welchen der Kleine „aus unerklärlichen Gründen" nicht in den Mittagsschlaf fand und nachmittags völlig überdreht war, kam auf Nachfrage meinerseits ans Licht, dass der Schnuller verloren gegangen war. Dies führte zu einem Gespräch mit der Leitung und Verbesserung sollte nun eintreten. Leider tat es das nur wenige Tage, dann war alles wieder wie zuvor. Auf Nachfrage beim Abholen erfuhr ich wenig über den Tag meines Kindes und wurde zunehmend häufig abgespeist mit: „*Alles ok.*" Wenn ich weiter nachfragte, hieß es dann oft: *„Da kann ich nichts dazu sagen, ich war nur morgens/mittags/nachmittags da, das weiß die Kollegin, aber die ist schon weg."* Ich war verunsichert und frustriert. Es wirkte wenig engagiert und mehr wie ein „Verwalten der Kinderhorde" als bewusste, liebevolle Pädagogik. Durch die wenigen Kontaktzeiten vor Ort kam ich auch kaum in den Austausch mit anderen Eltern. An Tagen, an denen es mir möglich war, ließ ich meinen Sohn zunehmend zuhause oder holte ihn früher ab, was irgendwann auch angekreidet wurde.

Coronaausfallzeiten forderten mich vermehrt heraus, trotz Netzwerk. Dies führte dazu, dass ich ein zusätzliches Semester anhängen musste, um mein Studium zu beenden. Kommunikationsversuche mit dem Kita-Team wurden wiederholt abgeblockt und ich wurde auf „meine Bezugserzieherin" verwiesen, mit welcher ich aber kaum zurechtkam. Es ging so weit, dass ich irgendwann nicht mehr gut schlafen konnte. Nachdem ich dann auch noch dem ersten Entwicklungsgespräch ein halbes Jahr hinterherrennen musste, es dann erst nach einem Jahr Kitazugehörigkeit stattfand und ich darin weder mein Kind widergespiegelt sah noch mich ernst genommen fühlte, kam es zum offenen Konflikt. Ich konfrontierte die völlig überforderte Bezugserzieherin mit meinen Vorstellungen dieses Gesprächs und meinen Wünschen, welche ich nicht im Ansatz umgesetzt sah. Ich fühlte mich ohnmächtig. Im Anschluss lief ich aufgebracht und heulend durch die Gassen und in mir formte sich zunehmend Klarheit darüber, dass ich nochmal in den sauren Apfel eines Wechsels beißen musste.

Ich begann mich zu informieren, telefonierte längere Zeit mit einer freundlichen, engagierten Frau des städtischen Kitaplatzvergabebüros und stieß nicht nur dort wiederholt auf die Aussage: *„Tu deinem Kind keinen Wechsel an, wenn keine groben Verstöße/Gewalt etc. stattfinden"* oder: *„Nur wenn Sie als Eltern Schwierigkeiten dort haben, heißt das nicht, dass Ihr Kind es hat. Überlegen Sie sich diesen Schritt gut."* Dies baute emotional großen Druck in mir auf und ich, die ich mich sowieso schon oft kritisch selbst hinterfrage, wühlte wochenlang in meinem Kopf und Herz.

Nach erneut reiflichem Überlegen, Austausch mit dem Vater des Kleinen und sporadischer Anmeldung in unserer privaten Wahlkita (wir wollten keine städtische mehr, da hier erneut völlig unklar sein würde ob wir glücklich oder unglücklich landen), erhielten wir überraschenderweise eine Zusage für die Kita unserer Wahl. Dies bedeutete zwar für mich erneut erheblichen Stress durch eine weitere Eingewöhnungsphase zum ungünstigen Zeitpunkt meines Berufseinstiegs und bedurfte eines ehrlichen Gesprächs mit meinem neuen Arbeitgeber, jedoch war es für mich zu diesem Zeitpunkt absolut alternativlos. Diese Strapazen sollten sich jedoch hundertfach auszahlen.

Der Abschied aus der alten Kita brachte die Aversion gegen mich von Seiten des Teams nochmals klar ans Licht und bestätigten mich in meinem Bauchgefühl. Ich suchte das Gespräch zum Wohle des Kleinen, um seinen Abschied bewusst gestalten zu können. Gleichzeitig musste ich mir in diesem Gespräch, kaum hatte es begonnen, von der Leitung unserer Gruppe eine minutenlange Kritikliste an meiner Person anhören und mich als „Problemmutter" hinstellen lassen. Als ich daraufhin anmerkte, dass ich gerne auch einmal Stellung dazu beziehen und die Situation aus meiner Perspektive schildern wolle, hielt sie erstaunt inne und lauschte mir. Als ich einige Minuten später endete, schaute sie mich ungläubig und bestürzt an und meinte: *„Warum sind Sie denn nicht viel früher in den Kontakt mit uns getreten?"* Als ich anmerkte dies mehrfach versucht zu haben aber abgewiesen worden zu sein, zeigte sie sich versöhnlicher. Sie hätten im Team ebenfalls seit Monaten gemerkt, dass es problematisch sei und hätten auch irgendwann auf mich zugehen wollen, aber es wäre nie Zeit gewesen. Ich stellte daraufhin die Frage, ob es im Ablauf von einundhalb Jahren nicht professioneller gewesen wäre, um jeden Preis den Kontakt zu suchen, anstatt zu warten und mich zunehmend zu ignorieren. Die Antwort blieb sie mir schuldig. Es liegt mir fern schlecht über den Erzieherberuf zu schreiben. Es war und ist ein Beruf, den ich unglaublich schätze und ich kann in unserem jetzigen Kindergarten voller Achtung und wertschätzend auf die Erzieherinnen blicken. Aber diese Erfahrung zeigt die Schattenseiten der momentanen angespannten Kinderbetreuungslandschaft.

Wir sind nun glücklich im neuen Kindergarten angekommen, pflegen vielfältige Kontakte, haben Freunde gefunden und ich für meinen Teil wieder Vertrauen gefasst. Ein äußerst wertschätzendes, aufschlussreiches Entwicklungsgespräch liegt hinter uns und ich bin froh in diesem Punkt auf mein Bauchgefühl gehört zu haben, wenn auch spät. Aber nun dafür umso klarer und überzeugter hinsichtlich der Richtigkeit dieses Schrittes, welcher innerlich das Einschlagen des Weges in ein neues und zunehmend positives Lebensgefühl erst ermöglichte.

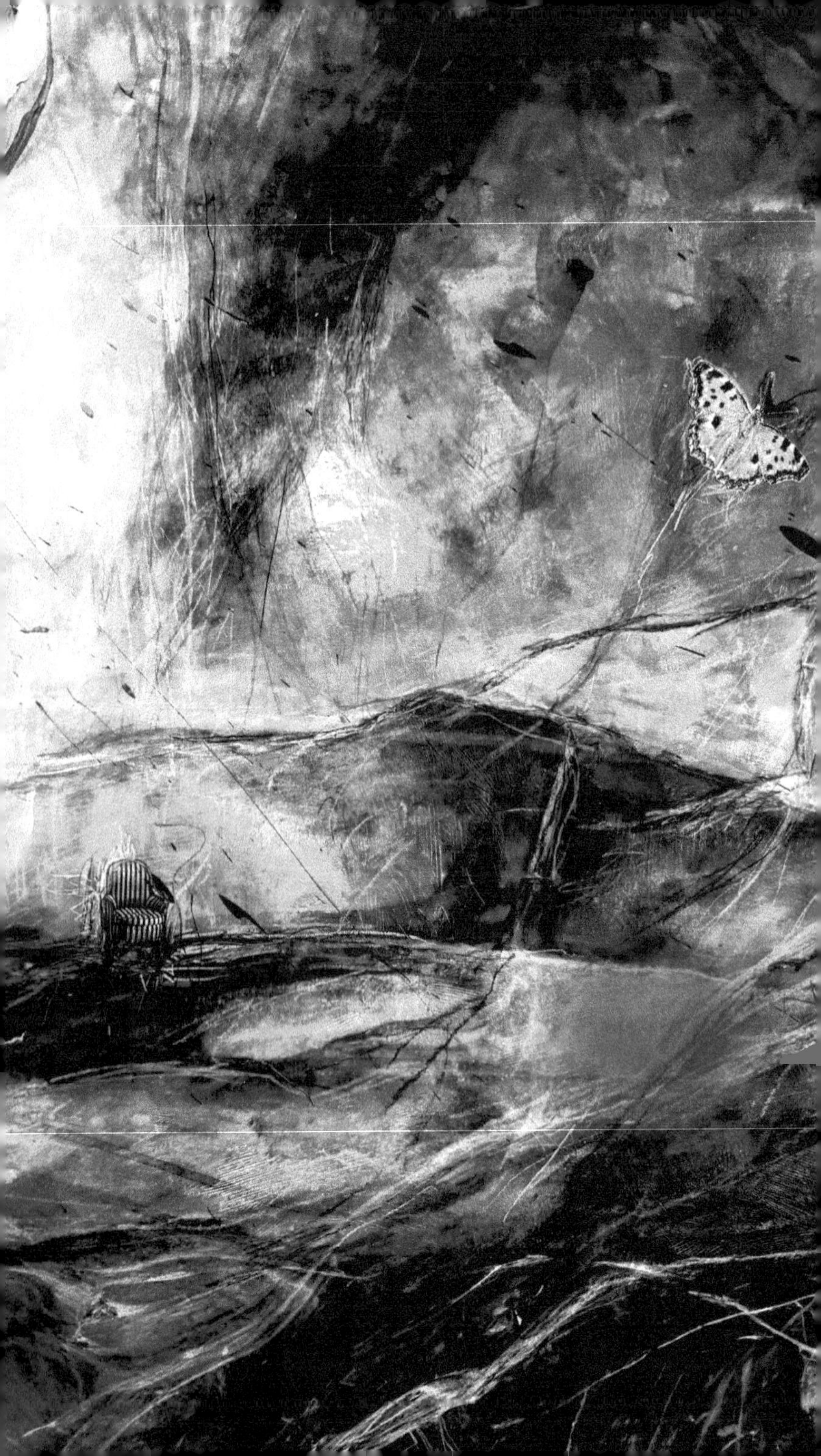

Phase 3

Von sich lichtendem Nebel, neuen Ufern und dem schwungvollen Aufbruch in ein freies, selbstbestimmtes Lebensgefühl

»Während Verletzlichkeit die Grundvoraussetzung
vieler erfüllender Erfahrungen ist,
nach denen wir uns sehnen –
Liebe, Zugehörigkeit, Freude, Kreativität und Vertrauen,
um nur einige zu nennen –
ist es der Prozess,
mitten in der Turbulenz emotional wieder Tritt zu fassen,
bei dem unser Mut auf die Probe gestellt
und unsere Werte geschmiedet werden.
Nach dem Fall unerschrocken wieder aufzustehen
ist die Methode,
wie wir Rückhaltlosigkeit in unserem Leben kultivieren.
Es ist der Prozess, der uns am meisten darüber lehrt,
wer wir sind.«

Brené Brown[15]

12. FINANZEN UND ANDERE RESSOURCEN

Vom Überlebensmodus zur Gestaltungsfreiheit

Die Finanzen stellen einen der zentralen Punkte in meiner Geschichte dar.

Nach der Trennung stand ich finanziell mit nahezu nichts da. Ich hatte bislang in meinem Leben immer von der Hand in den Mund gelebt und das Konzept Sparen verband ich mit Entbehrung, Mangel und Genussarmut. Ich hatte 10.000 € Schulden aus meinem Bachelorstudium, welche ich zeitnah beginnen sollte, abzubezahlen. Mit dem Bafög, welches ich im Rahmen meines frisch aufgenommenen Masterstudiums bekam, sowie etwas Unterhalt, konnte ich mir kaum eine Wohnung für ein eigenes Leben mit meinem Kind leisten. Wie bereits erwähnt hatte ich auf der Suche nach eigenen vier Wänden wenig Glück. Auch aus finanziellen Aspekten war daher das Wohnen unter dem Dach meiner Eltern eine hilfreiche Lösung.

Von einem Hauch von Nichts schaffte ich es innerhalb von viereinhalb Jahren auf Schuldenfreiheit, dem Aufbau eines Notgroschens, sowie Investitionen, um meine Rentenlücke zu schmälern. Durch die Krise im Rahmen der Trennung und das auch in finanzieller Sicht harte Aufschlagen auf dem Boden der Realität, beschäftigte ich mich zum ersten Mal bewusst mit meinen Finanzen. Dies führte bereits im Ablauf eines Jahres zu einem Gefühl der Selbstermächtigung. Ich begann zuallererst in einem Haushaltsbuch alle meine Einnahmen und Ausgaben akribisch zu notieren und mir so einen detaillierten Überblick zu verschaffen. Diese Handlung wurde zur Routine und machte mir zunehmend Spaß. Die Freude damit und das befriedigende Gefühl der Kontrolle und Effizienz waren eine neue Erfahrung. Ich begann mich mit meinen Fixkosten auseinanderzusetzen und diese zu optimieren. Die vielen Umzüge der letzten

Monate hatten eine beachtliche Menge an überschüssigen Dingen zutage gefördert, welche ich nun Stück für Stück begann über unterschiedliche Plattformen zu verkaufen. Ich setzte mich mit Begriffen wie Minimalismus, Sparsamkeit und finanzieller Freiheit auseinander und lernte gut verständliche, moderne, engagierte Websites, Blogs und Bücher rund um das Thema Finanzen kennen, welche für mich nichts mit „verstaubtem Geiz oder Mangelgefühl" zu tun hatten. Im Ablauf weniger Monate spürte ich bereits die positive Veränderung auf mein Selbstbewusstsein und das Gefühl der Selbstermächtigung. Trotz wiederkehrendem Empfinden von Ohnmacht in Bezug auf Alltagsstressoren, wiederkehrenden Konflikten, der beengten Wohnsituation und häufiger Überforderung als Alleinerziehende eines Kleinkindes, hatte ich dadurch zunehmend das Gefühl aktiv Spielräume für mein weiteres Leben zu schaffen. Es war ein gutes Gefühl und spornte mich an.

Ich lernte auch finanziell angebotene Unterstützung anzunehmen, zu verhandeln und ganz grundsätzlich meine Denkweise hinsichtlich verinnerlichter Werte zu hinterfragen und dafür einzustehen. Die zunehmende Frustrationsenergie bezüglich mangelnden eigenen Wohnraums, nutzte ich, um mir über meine Wünsche und Vorstellungen dahingehend Klarheit zu verschaffen. Ich begann über Secondhand-Börsen im Internet schöne individuelle Möbel ausfindig zu machen und bereits im Vorfeld meines Umzugs in Verhandlungen zu treten. Als dann eine eigene Wohnung in Aussicht stand, kaufte ich Stück für Stück die online angehäuften Möbel. So erschuf ich eine wunderschöne individuell gestaltete Wohnung für meinen Kleinen und mich. Durch das Nutzen bereits gebrauchter ausrangierter Möbel folgte ich auch meinem Wert der Nachhaltigkeit und Ressourcenschonung. Zum Zeitpunkt des Umzugs hatte ich ohnehin das dringende Bedürfnis mich von vielem zu entledigen. Ich konnte mich von Altem, zum Teil Belastendem oder Überflüssigem trennen, und jemandem anderen damit sogar eine Freude machen. Das Loslassen von Objekten fiel mir so leichter. Der Wunsch, nie wieder so mittellos dazustehen, wie nach der ersten Trennung, brachte erstaunliche Kräfte in mir hervor.

Die Welt der Finanzen war mir bis dahin so gut wie unbekannt gewesen. Dass ich einmal einen Notgroschen ansparen, trotzdem genug Geld im Alltag haben, und sogar noch etwas erübrigen konnte, um für die Rente vorzusorgen, hätte ich vor wenigen Jahren für unmöglich gehalten. Dass ich so weit gekommen bin und das als alleinerziehende Studentin und später Arbeitnehmerin mit mittelmäßigem Gehalt, erfüllt mich mit Stolz und Freude. Es gibt mir in meinem Alltag ein Gefühl von Sicherheit, Ruhe und Selbstbewusstsein. Es ist ein gutes Gefühl zu wissen, dass ich für meinen Kleinen und mich sorgen kann. Es war furchtbar, mich in der Zeit nach der Trennung ohnmächtig und stark handlungseingeschränkt erleben zu müssen. Geld ist nicht alles, aber Geld schafft Möglichkeiten. Die Wahrheit dieses Satzes spüre ich bis in meine kleinsten Zellen.

Im Ablauf mehrerer Jahre war es mir dadurch sogar möglich, immer wieder in mich selbst zu investieren und mir so etwas Gutes zu tun. Sei es eine Massage, ein Kurs oder ein Coaching. Immer noch lebe ich ein bescheidenes Leben und achte sehr auf meine Ausgaben. Dennoch habe ich Handlungsspielraum gewonnen und meine Denkweise hat sich weg von „Verzicht" hin zu „bewusstem Geldausgeben" gewandelt. Das macht einen Unterschied. Sich das ein oder andere gönnen zu können ohne Angst haben zu müssen im Monat nicht mehr über die Runden zu kommen, ist ein wunderbares Gefühl. Eine Grundhaltung der Bescheidenheit und des achtsamen Umgangs mit Ressourcen finde ich weiterhin wichtig. Aber durch diese Geschichte habe ich tatsächlich den Wahrheitsgehalt des alten Spruches: *„Wer den Pfennig nicht ehrt, ist des Talers nicht wert"* schätzen gelernt. Gerade zu Beginn habe ich mich tatsächlich über jeden eingesparten Euro gefreut. Vielleicht klingt das komisch. Aber manchmal bin ich immer noch erstaunt, wie viel ich dadurch gewonnen habe und stelle heute fest, dass ich in meinem Leben finanziell noch nie so solide aufgestellt war wie heute.

In diese Geschichte gehört auch das Entdecken vielseitiger Familienressourcen. Wie bereits erwähnt ist meine Familie groß und es war doch mehr als erstaunlich für mich zu entdecken, was für Schätze sich in den Kellern vieler Familienmitglieder verbargen. Seien es einfache Gebrauchsgegenstände, Möbel oder Eingelegtes. Meine Familie besaß hier oft mehr als genug und teilte gern. Und damit meine ich nicht, dass sie ihr letztes Hemd für mich gaben, sondern tatsächlich gerne gaben und zum Teil sogar froh darum waren „Zeug loszuwerden". Ich staune noch heute, wie viel dadurch zusammenkam. Manchmal erschien es magisch, dass genau das, was jemand loswerden wollte, bei mir noch fehlte. Bis heute ist meine Familie eine lebendige Tauschbörse. Gerade im Hinblick auf Nahrungsmittel, da hat einer zu viele Tomaten, ein anderer weiß nicht wohin mit den Mirabellen, überschüssiges Brot, bis hin zu ausrangierten Kleidungsstücken und vieles mehr. In Bezug auf Letzteres gibt es einen regen und lebendigen Kreislauf zwischen den Frauen meiner Familie. Da erreicht mich schon mal ein vor 10 Jahren ausrangiertes Kleidungsstück über meine Schwestern, welches ich nun freudig in meinem Schrank wiederaufnehme. Kleidung kaufe ich bis heute kaum neu. Auch für den Kleinen liebe ich (online) Flohmärkte und mache damit die besten Erfahrungen. Und all dies ist kein Gefühl von Mangel, sondern in einer Gesellschaft des Überflusses finden sich so entspannt und günstig gut erhaltene Dinge zu einem Bruchteil des Preises. Gerade Kinder wachsen aus allem sowieso innerhalb weniger Monate heraus und die Sachen sind oft sehr gut erhalten. Auch Printmedien unterliegen bei uns einem dynamischen Kreislauf. Ebenso dankbar bin ich bis heute den näherischen Fähigkeiten meiner Mutter, welche bereits diverse Löcher in Kleidungsstücken geflickt hat und diesen so zu einem längeren Leben verhalf. Oder den handwerklichen Fähigkeiten meines Vaters, welcher nahezu alles reparieren kann, wie mir scheint. All dies ist für mich unbeschreiblich wertvoll. Und das geht weit über das Materielle hinaus.

Zum finanziellen Bereich gehört für Eltern auch die gesamte außerinstitutionelle Kinderbetreuung. Hier leistet mein Netzwerk Erstaunliches. Sei es als Babysitter für einen Elternabend, Sicherheitsnetz bei spontanen Kindkranktagen oder wie bereits erwähnt plötzlichem Wegfall der Kindergartenbetreuung. Dies war und ist absolut unbezahlbar! All die Babysitter, welche ich bis heute gebraucht hätte, wären wohl für mich nicht finanzierbar gewesen. Ganz abgesehen vom emotionalen Stress jemand Passenden dafür zu finden, um das eigene Kleinkind mit gutem Gefühl in diese Hände geben zu können. Ich glaube kein Babysitter ist derart flexibel und engagiert wie meine eigene Familie. Ein großes Geschenk! Ehrlicherweise fiel mir, besonders zu Beginn, das Einfordern oder Annehmen von Kinderbetreuung nicht leicht. Ich wollte mich den anderen nicht noch mehr zumuten und hatte überhöhte Vorstellungen davon, was eine Mutter leisten muss. Aber durch die blanke Überforderung in vielen Momenten, lernte ich Stück für Stück loszulassen und mich zuzumuten. Not schweißt manchmal auch zusammen – so war es definitiv bei uns. Mittlerweile erlebe und sehe ich, wie befruchtend dieser Umgang und regelmäßige Kontakt für alle Seiten ist.

Erstaunlicherweise kann ich heute sagen, dass ich mir durch die Trennung finanzielle Bildung und Bewusstsein für Ressourcen erarbeitet habe in nie dagewesener Größe – ein wichtiger Weckruf des Lebens nicht nur für mein „female", sondern auch mein „financial Empowerment". Auch wenn die Finanzen weiterhin eine Baustelle sein werden, so weiß ich zumindest, was ich tue und was nicht. Mir und meinem Kind ein derart solides materielles und immaterielles Fundament geschaffen zu haben, macht mich stolz, freudig und öffnet einen hoffnungsvollen weiten Raum an Möglichkeiten.

13. AUSZEITEN

Leerräume – Freiräume – Möglichkeitsräume

Die Türe schließt sich, ich spüre die Kühle der Türklinke und starre auf das weiß lackierte Holz der Eingangstür, hinter der mein acht Monate altes Baby gerade mit seinem Vater verschwunden ist. Ich fühle mich bleischwer, mein Kopf summt schrill, mein Atem geht flach. Ich brauche gefühlt eine Ewigkeit, bevor ich mich vom Fleck bewegen kann. Ich schlurfe über den Gang mit den kalten Steinfließen in mein Zimmer, schließe die Tür, setze mich aufs Bett und spüre Tränen aufsteigen. Mir wird heiß und kalt, schwindelig und übel, Angst kommt auf und gleichzeitig eine Art „leeres Gedankenkarussell", es gibt kein Wort, um das zu beschreiben – ein Schmelztiegel an Emotionen.

Zu Beginn bedeuteten die, durch die Umgangszeiten bei gemeinsamem Sorgerecht entstehenden Auszeiten, vor allem emotionalen Stress für mich. Nicht dass ich Angst hätte haben müssen, dass der Vater des Kleinen nicht adäquat mit ihm umging. Aber es waren weiße Flecken über ein paar Stunden, in welchen er einfach weg war von mir und ich nicht wusste, was passierte und wie es ihm ging. Wie bereits beschrieben, war dies lange Zeit furchtbar für mich und nur schwer auszuhalten. Natürlich hatte mein Empfinden auch mit der Konfrontation des Beziehungsbruchs beim Anblick meines Ex zu tun. Die klaffende Wunde der Trennung wurde ebenso aktiviert wie meine verletzten Gefühle und ein damit einhergehendes Empfinden von Wertlosigkeit und ohnmächtiger Wut. Es waren zu Beginn nur wenige Stunden Umgangszeit, in welchen ich zwar einmal in Ruhe duschen, etwas schlafen oder für mein Studium erledigen konnte, es fühlte sich aber sehr falsch für mich an. Alles in mir sträubte sich gegen diese Dynamik. Dennoch musste ich es geschehen lassen, da sowohl Vater als auch Sohn ein Recht auf Umgang miteinander hatten. Es dauerte lange, bis ich loslassen und diese Phasen als Zeiten der Selbstfürsorge annehmen konnte. Ich lernte in den Übergabesituationen bewusst zu atmen. Ich atmete, versuchte meine Gedanken auf die Tatsache zu reduzieren, dass der Kleine nun rechtmäßige Umgangszeit mit seinem Vater hatte und die Türe ruhig zu schließen. Danach weinte ich, durchlebte ein Wechselbad an Gefühlen von rasender Wut, Angst und... irgendwann auch Ruhe.

Wie gesagt fiel es mir zum Zeitpunkt, als mein Expartner eine neue Frau an seiner Seite hatte, erneut schwerer, unseren Sohn in der Umgangszeit loszulassen. Der innerlich ablaufende Film von ihm mit unserem Kind und der neuen Frau als neues „Happy-Family-Bild" waren mir unerträglich. Ich litt sehr darunter und fühlte mich ohnmächtig und wütend. Mein Ex begann sich wie gesagt mehr zu verschließen, vielleicht um die neue Konstellation zu schützen oder sich besser abgrenzen zu können. Ich weiß es nicht. Jedoch erfuhr ich ab diesem Moment und dem dann folgenden Jahr zunehmend wenig über meinen Kleinen in diesen Zeiträumen. Das verschlimmerte mein subjektives Ohnmachtserleben und führte auf Elternebene immer wieder zum Konflikt. Letztlich musste ich aber akzeptieren, dass es diese Lücken nun gab und die Vorstellungen einer Haltung von Offenheit, wohlwollendem Austausch und Transparenz zum einen weit auseinanderklafften, zum anderen nicht erzwungen werden konnten.

Innerhalb weiterer Monate begann ich neben all den schmerzhaften Gefühlen langsam auch Positives wahrzunehmen. Ruhe, Orientierungsmomente, atmen, effizientes Erledigen banaler Aufgaben, mir etwas Gutes tun, mich spüren. All dies hatte ich bitter nötig.

Heute, knapp fünf Jahre nach der primären Trennung, kann ich die Umgangszeiten sehr genießen und für mich nutzen. Und das muss ich auch. Es ist ein überlebenswichtiger Ausgleich zu den ansonsten vollen und fordernden Zeiten dazwischen. Es war ein langer, emotionaler und mentaler Prozess. Dieser war zu Beginn vor allem angefüllt mit heftigen Gefühlen und destruktiven Gedankenspiralen.

Ich bin heute froh, dass ich es immer wieder geschafft habe in diesen Momenten eine Balance zu finden zwischen Rückzug, heftigem inneren Durchleben der Gefühle, aber auch dem „Mich-Öffnen", Austausch suchen mit Freunden, Familie und in therapeutischen Beratungsangeboten, um nicht allein in den Prozessen zu bleiben. Immer wieder erfuhr ich so hilfreiche Perspektivwechsel, emotionalen Halt und unterstützende Resonanz.

Ausagieren und Durchleben von dem, was sich in mir zeigte, Beziehung mit anderen aufsuchen, um Gemeinschaft und Halt zu finden und dadurch ein Eintreten in einen belebenden Transformationsprozess – so würde ich es heute vielleicht umschreiben, was in diesen Auszeiten passierte. Dennoch würde ich rückblickend sagen, war ich in den ersten zwei bis drei Jahren wiederholt an Punkten, in denen ich von der Balance nichts spürte. Es fühlte sich nach Chaos an und einem intuitiven Folgen meiner Impulse. Dass es in einer facettenreichen Balance und einem Gefühl von Freiheit, welches ich nie in meinem Leben vorher stärker verspürte als jetzt, mündet, war überwiegend nicht abzusehen. Ich glaube heute, dass in meinen intuitiven Impulsen ganz viel Wichtiges und Richtiges für mich lag. Was ich damit sagen will, ist, dass es sich jahrelang nicht nach einem konstruktiven, „richtigen" Weg anfühlte, ich es heute aber so sehe und erlebe. Es hat wieder viel damit zu tun, sich in die Gefühle und manchmal auch chaotischen Zustände fallen zu lassen und sie zu erleben, auch wenn es Angst macht.

Ich begann mich einerseits nochmal neu zu entdecken und lernte mich andererseits wieder an mein „Nicht-Mama-Ich" und „Single-Ich" anzubinden. Einer der positiven Aspekte des frühen alleinerziehend Werdens, würde ich heute sagen. Trotz der intensiven Zeit und ernsthaften Beziehungsabsichten, dauerte die Beziehung zum Vater des Kleinen kaum zwei Jahre und ich begann mich recht schnell an mich selbst zu erinnern, wie ich vor der Zeit und vor dem Mama-Sein war. Ich könnte mir vorstellen, dass nach zwanzig Jahren als Ehefrau, Mutter und Umgeben-sein von Familie dieses „An-Sich-Als-Single-Anknüpfen" sehr schwer ist. Mental ging es für mich aber in diesen Auszeiten darum. Natürlich war ich nicht mehr „single" im eigentlichen Sinne, sondern zu zweit. Und das ließ mich auch in den Papa-Umgangszeiten nicht komplett los. Aber zunehmend begann ich diese freien Zeiträume aktiv für mich zu nutzen und mich in ihnen wieder und auch neu zu entdecken.

Ich besuchte etwa einen Töpferkurs, begann mit Yoga und Achtsamkeitsübungen und ermöglichte mir persönlich bedeutsame Weiterbildungen. Aber ich nahm auch alte mir wertvolle Tätigkeiten wie ausgedehnte Spaziergänge, Lesen, Schreiben, Malen, mit Freunden in Ruhe quatschen oder ab und zu eine Massage besuchen, wieder auf. Ich würde sogar sagen, dass ich gelernt habe, meine Zeit für mich heute intensiver und bewusster zu nutzen und zu gestalten als je zuvor.

In der frühen Trennungsphase ging es für mich in den Auszeiten aber vor allem um das „Überhaupt-Wieder-In-Kontakt-Treten-Mit-Mir-Selbst", was überwiegend schmerzhaft war. Nach dieser ersten Phase erlebte ich die Auszeiten dann zunehmend als Möglichkeiten der Selbstfürsorge und des Ausgleichschaffens um das Alltagspensum stemmen zu können. Erst im Ablauf vieler weiterer Monate, oder besser gesagt Jahre, begann ich in den Auszeiten Neues für mich zu erschaffen und bewusst über mich selbst hinauszuwachsen. Natürlich geschah dies zwangsläufig auch in der Anfangsphase, aber nun setzte ich mir höhere Ziele und wollte mein Leben wieder gestalten. Dass die Krise eine Chance sein kann, habe ich in der Anfangsphase noch nicht gesehen, doch genau an dem Punkt stehe ich heute. Ich fühle mich freier, kreativer und mutiger als je zuvor. War ich früher mit vielen unflexiblen Bildern und Vorstellungen angefüllt, stehe ich heute mit großer Offenheit und Neugierde im Leben, ob all der Dinge, die da kommen werden und all den Impulsen und Kräften, die sich in mir regen. Ein gutes Gefühl!

Die Leerstellen wurden so für mich zu Freiräumen und die Freiräume zu Möglichkeitsräumen, in welchen ich heute erspüren kann, was ich gerade brauche. Manchmal ist es ein pragmatisches Abarbeiten von Alltagsaufgaben, manchmal ein Anpacken und Verfolgen eigener kreativer Ideen und manchmal ein Fallenlassen in mein eigenes Sein, ohne „Sinn und Zweck". Gerade Letzteres ist für mich selbst, als Mensch, der mit vielem im Außen in Resonanz tritt und sich gedanklich und emotional schnell mit anderen Menschen verbindet, überlebenswichtig. Es ist Selbstanbindung und achtsame Selbsterkundung, welche nur in einem freien Raum ohne Effizienzgedanke und Nutzenoptimierung stattfinden kann. Eigentlich ist dies etwas Banales und gleichzeitig erscheint es geradezu luxuriös in einer Gesellschaft, welche Effizienz und kontinuierliche Selbstoptimierung großschreibt. Für Alleinerziehende sind Freiräume ein umso kostbareres Gut. Die Wandlung der Leerstellen zu Freiräumen in meinem Inneren war ein enormer emotionaler Prozess. Er hatte mit dem Annehmen meiner neuen Familien- und Lebenssituation und dem Loslassen des „Kernfamilienmodells" genauso zu tun, wie mit dem Aufgeben tradierter Vorstellungen über Mutterschaft und dem mir Zugestehen von „Me-time" und inneren Vitalkräften als Frau fernab von Familienleben und Verantwortlichkeiten.

Die Vater-Umgangszeiten sind Freiräume, welche ich mir nicht erkämpfen muss oder mich in Bittstellerhaltung erlebe. Das macht es leichter, mich in sie hineinfallen zu lassen. Denn natürlich muss ich zusätzlich zu den zwei Wochenenden und zwei Wochentagen im Monat immer wieder zusätzlich Unterstützung durch meine Familie einfordern. Sei es um Ferienzeiten, Krankheitstage oder Betreuungsausfälle abzudecken. Aber dies sind selten wirkliche Freiräume, da sie meist nur dazu dienen, meiner Erwerbsarbeit gerecht werden zu können und mein Kind versorgt zu wissen. Die vorgeschriebenen Umgangszeitfenster haben mich so die positiven Seiten der Leerstellen im Familienalltag kennenlernen lassen.

Das Erleben dieser Freiräume in meinem Alltag hat mich viel Wertvolles in mir und meinem Leben entdecken und den Wunsch aufkommen lassen, diese auszubauen. Daran arbeite ich aktuell und bin dabei in meinem Alltag mehr Raum für mich, mein Kind und mein Leben zu schaffen. Aus freien Stücken, aus mir selbst heraus – proaktiv – Möglichkeitsräume öffnen!

14. BEZIEHUNG ZUM KIND

In der wildesten Achterbahn meines Lebens

Ich schaue durch das Wohnzimmerfenster hinaus in den Garten. Es ist Winter und überall liegen Schneereste. Die Schaukel, auf welcher den Sommer über viel gespielt, gelacht und experimentiert wurde, schwingt leicht im Wind, alles ist friedlich. Mein Blick schweift über die Terrasse und streift einen kleinen grünen Ball, einen verschrammten, viel genutzten Sandkasteneimer und bleibt hängen bei einem im Spiel entstandenen Arrangement aus einem Plastikeimer, darum drapierten Schneeresten mit Muscheln aus dem Sommerurlaub und einem darüber ausbalancierten, langen Tannenzweig. Hier wurde intensiv und freudvoll gespielt. Eine angenehme Gefühlsmischung steigt in mir auf: Erleichterung, Freude, Zuversicht, Ruhe. Ein Erleben von: „alles ist gut". Wie wunderbar! Es berührt mich und macht mich stolz. Wir haben viel geschafft und stehen nun mitten in einem Leben voller positiver Gefühle und einer Kindheit für meinen Kleinen, wie ich sie mir auf der emotionalen Ebene gewünscht habe. Es berührt mich, weil es nicht immer so war.

Ich bin froh und dankbar darüber, dass sich mein Sohn so gut entwickelt und es uns mittlerweile so gut geht. Es war oftmals ein steiniger Weg.

Dieses Kapitel ist kein einfaches für mich. Es grenzt an ein gesellschaftliches und oft schambehaftetes Tabuthema: Mutter-Aggression. Das eigene Kind mehrmals täglich anzuschreien, wenig Freude im Umgang zu empfinden, sondern überwiegend Gereiztheit und den Wunsch lieber keine Mutter zu sein, anstatt so eine ... ich kann das traurigerweise nachvollziehen. Der aktuelle Maßstab der bedürfnisorientierten Erziehung und des „Großliebens" begünstigt in meinen Augen zusätzlich die Scham und ein hohes Stresslevel. In meiner Geschichte hängt dies eng zusammen mit dem Wegfall eines haltenden Rahmens.

Das Zerbersten meines Lebenstraums nach nur wenigen Monaten der Mutterschaft, warf mich, wie bereits an vielen Stellen des Buches beschrieben, heftig aus der Bahn. Wie gesagt hatte ich noch kaum eine Ahnung davon wie „Mama- und Elternsein" eigentlich ging, da war ich es auch schon allein und verlor das Heim, welches ich dabei war aufzubauen. Dass das „Zum-Ersten-Mal-Elternwerden" an sich schon eine unglaublich intensive und an die eigenen Grenzen bringende Erfahrung ist, ist allen Eltern klar. Es wirft alles durcheinander und man kann sich im Vorfeld noch so viel überlegen und planen – es ist immer anders und krasser, als man es sich vorstellt. Zumindest in meinem Bezugsfeld teile ich diese Erfahrung mit vielen. Das Leben, welches sich all die Jahrzehnte nur um einen selbst gedreht hatte, verändert sich durch ein Kind radikal. Es geht nun kaum noch um einen selbst, sondern um die bestmögliche Versorgung des neu hervorgebrachten Lebens. In genau dieser Phase brach bei uns so vieles schmerzhaft im Außen auseinander und führte zu jahrelanger Unruhe. Eine, in manchen Momenten kaum auszuhaltende, seelische Sprengstoffmischung. Es lehrte mich, wie wichtig die Rahmenbedingungen eines Alltagslebens für eine gesunde Mutter-Kind-Beziehung sind.

Es benötigt nicht viel Fantasie, um sich vorzustellen, wie schwer das geduldige und liebevolle Begleiten meines Babys und Kleinkindes in einer solchen Lebenslage für mich war. Alle bis hierhin beschriebene Zustände spiegelten sich in dieser maximal nahen, abhängigen und intimsten aller Beziehungen. Wie sollten sie auch nicht? Seine Bedürftigkeit und Hilflosigkeit trafen auf meine Bedürftigkeit und Hilflosigkeit und ich fühlte mich über weite Strecken überfordert und ohnmächtig. Ich empfand seelische Nacktheit und Orientierungslosigkeit und sollte gleichzeitig einen winzigen Menschen wärmend, halt- und sicherheitsgebend begleiten. Ich war noch genug bei Sinnen, um bewusst mitzuerleben, wie ich an vielen Stellen in den ersten Jahren kräftemäßig und emotional scheiterte. Ich verurteilte mich als Mensch, Mutter und Frau und ich verurteilte meinen Kleinen - ich war verzweifelt. Nach dem Überwinden des ersten Schockzustandes begannen alle Gefühle und Konsequenzen der Trennung auf mich einzuprasseln und ich hatte, wie bereits beschrieben, kaum Möglichkeit, Ruhe und Rückzug zu finden, um das Erlebte zu verdauen. Es steckte in mir fest und drohte mich zu ersticken. Auch wenn ich immer wieder kleine Auszeiten nahm und einforderte, so reichten diese kaum, um die aktuell anfallenden Aufgaben zu bewältigen. Wie gesagt, all die tieferen Schichten, Verletzungen, Gefühle und Gedanken waren die ersten zwei Jahre kaum erreichbar. Es fehlte Zeit, Raum und Ruhe. So sehr ich vieles bedaure und auch heute manchmal noch betrauere, ich habe mein absolut Bestes gegeben.

Aber in den ersten zwei bis drei Trennungsjahren mit all den inneren und äußeren Unruhen des mehrfachen Umziehens, Wohnen unter „fremdem Dach", finanziell existenziellen Sorgen, den vielen Konflikten mit dem Vater des Kleinen, den Studien- und später Jobanforderungen und dem „Kita-Horror", war ich unter Dauerstress. Ich versuchte die Umstände bestmöglich auf den Weg einer positiven Veränderung zu führen, mich innerlich nicht komplett selbst zu verlieren, den Menschen, auf die wir angewiesen waren, gerecht zu werden, den notwendigen Auseinandersetzungen mit meinem Ex Stand zu halten, mein Studium fortzuführen und mein Kind großzuziehen. Ich hatte mir das Mama-Sein so schön vorgestellt. In einem liebevollen, gemütlichen, sicheren Umfeld im Kreise einer eigenen wohlwollenden Familie. Und nicht „zwischen allen Stühlen", in größtenteils alleiniger Verantwortung und einer von Konflikten häufig giftigen Atmosphäre. Ich war mit den allermeisten Situationen allein und jede Nacht mehrmals wach, zum Stillen, Trösten, Beruhigen und oft auch zur Krankenpflege.

Gerade der Schlafentzug ist nicht ohne Grund eine Foltermethode – es destabilisiert körperlich und seelisch enorm und ich kann nicht behaupten, dass ich durch das Mama-Werden wie durch Zauberhand mit dem Schlafmangel plötzlich klarkam. Er verursacht nicht nur Konzentrationsschwäche, Gereiztheit, Heißhunger und Erschöpfung, sondern begünstigt auch Krankheiten und biologische Stresszustände, wie bereits Massenmedien wie die ZEIT herausstellen und zum Titelthema erklären[16], nur in der Mamawelt wird das in meinen Augen unter den Tisch fallen gelassen. Der Mythos des „Superkraft-Mutter-Gens", auch hinsichtlich des Schlafmangels, scheint zu überwiegen. Diese vielen schlafarmen Nächte verlangen einem auch unter „normalen" Bedingungen alles ab, für mich waren sie in dieser Phase definitiv eine Qual.

Natürlich musste auch der Kleine vieles verarbeiten. Gerade, weil er noch keine Sprache zur Verfügung hatte, äußerte sich all die Anspannung und das emotionale Ringen nonverbal über Schreien, unruhigen Schlaf, Krankheit, Anhänglichkeit usw. Und immer wieder wurde im Hinblick auf die Rahmenbedingungen neues Öl ins Feuer geschüttet, was auf die emotionale- und damit Beziehungsdynamik Auswirkung hatte. Allein in den ersten zwei Jahren gab es vier Umzüge mit je verschiedenen Bezugspersonen und Anpassungsnotwendigkeiten, dann all die bereits erwähnten weiteren Belastungen durch ständige Veränderungen, Abhängigkeiten, Ungewissheiten. Ich war unter diesen Bedingungen in den ersten zwei bis drei Jahren nahezu dauerhaft am Ende meiner Kräfte, gereizt und angespannt. Sowohl der Kleine als auch ich waren viel krank. Und auch das kennen alle Eltern von kleinen Kindern, die zum ersten Mal eine öffentliche Einrichtung wie eine Kita besuchen. Aber unsere sowieso schon erschöpfte und geschwächte Ausgangslage verschlimmerte den Zustand. Ich hatte das Gefühl dauerkrank zu sein. Als dann der Jobeinstieg mit all dem Druck im Hinblick auf die Probezeit kam, wurde dies nervlich eine tägliche Zerreißprobe. Auch hier kennen das viele Eltern, ich weiß von niemandem in meinem Bezugsfeld, dem es nicht so ging. Beruf und Familie unter einen Hut zu bekommen, verlangt einem alles ab und geht oft weit über die eigenen Belastungsgrenzen hinaus. Aber zu wissen, dass alles ganz allein auf meinen Schultern lag und liegt, ich die bin, die funktionieren muss, damit die Familie auskommt und wir uns ein Leben aufbauen können, welches Gesundheit und Freude ermöglicht, erhöhte den Stress massiv. Und natürlich kommt all der Haushalt und das Sozialleben noch obendrauf. Es war allein zu viel für mich. War es verwunderlich, dass ich den Kleinen anschrie, anstatt mich auf Augenhöhe zu begeben und ruhig nachzufragen, was ihn denn gerade so wütend machte? Oder dass ich apathisch-erschöpft am Abendessenstisch saß und in die Suppe starrte, anstatt meinen Sohn geduldig bei seinen „Selber-Ess-Versuchen" zu unterstützen und ruhig im Nachhinein das Umfeld sauber zu wischen? Oder dass ich vor Erschöpfung meinen Kleinen beim vierten, fünften, sechsten ... Mal nachts Wachgeschrieenwerden grob anfuhr und anschließend in Tränen aufgelöst neben seinem Bettchen saß? Ich konnte mich selbst gut verstehen und doch verurteilte ich mich auch hart dafür.

Am schlimmsten waren aber all die Aggressionen, die sich zwischen uns aufstauten im Rahmen der „Trotzphase". Eskalationen mit Schreien, grob anpacken, verletzenden Worten, Tränen und Macken im Mobiliar durch wütend geworfene Spielsachen durch meinen Sohn, kamen immer wieder vor. Ich hatte kaum noch Kraft, um Geduld und Halt zu bieten. Und es war an vielen Stellen für mich das Schlimmste, dies bewusst in mir wahrnehmen zu müssen. Ich spürte und wusste, dass Ruhe, Geduld und präsent „Da-Sein" viele heftige Wutausbrüche verhindert oder milder verlaufen lassen hätten und schaffte es gleichzeitig nicht mehr, die Kraft dafür aufzubringen. Obwohl dies meist bedeutete, dass ich viel mehr Kraft brauchte innerhalb all der Kämpfe, in welche wir dadurch gerieten. Ich war wütend auf ihn, dass er es mir so schwer machte und wütend und abwertend mir selbst gegenüber, es trotz besseren Wissens einfach nicht zu schaffen. Diese Ohnmacht trieb mich in die Rage. Ich kann nur im Ansatz erahnen, wie es Eltern in noch prekäreren Lagen wie etwa bei schwerer Krankheit, Isolation, Migration, Fluchterfahrung gehen muss. Hier umfassend emotional verfügbar zu sein, vor allem für ein kleines Kind, welches ständig Nähe und Unterstützung braucht, ist einfach unmöglich. *„(...) Mutterschaft, das ist in manchen Momenten vielleicht das Eingeständnis, gerade nicht mehr zu können, und die bewusst wahrgenommene Wut darüber, trotz des*

Nicht-mehr-Könnens zu müssen, weil es keine andere Option gibt, als weiter zu funktionieren",[17] bringt es Heinicke auf den Punkt. Dies ist Alltag so vieler Eltern und besonders Alleinerziehender und gehörte ganz bestimmt zu meinem. Dieser Satz wirkt, entgegen meinem häufigen Unzulänglichkeitsempfinden, wie ein Scham-Gegengift. Er nimmt der Mama-Wut ihre destruktive Einfärbung. Wie gut, dies von einer anderen Mutter zu lesen!

In der Autonomiephase, welche bei meinem Kleinen bereits mit gut einhalb Jahren begann und so mitten in eine heftige Trennungsphase fiel, werden Grenzen gerne und oft in Frage gestellt. Unser Sohn habe eine „äußerst starke Persönlichkeit", meinte unsere Hebamme lächelnd bereits vor der Geburt und wiederholte es in den Monaten danach erneut. Damals lachten wir alle zusammen darüber und freuten uns über unser „selbstbewusstes Persönchen". Aber in der Lebensphase nach der Trennung war ich irgendwann völlig am Ende. Dass ich am Abend dann nicht einmal jemanden hatte, der zumindest ansatzweise unseren Alltag teilte und mit dem ich mich austauschen konnte um Selbstzweifel, Abwertungen und Gedankenkreise aufzulockern oder zu relativieren, verschlimmerte mein Erleben, bis ich es nicht mehr aushielt. Ich bin stolz und froh darüber, dass ich an dieser Stelle nicht einfach irgendwie weitergemacht habe, sondern mich trotz Scham und Schuldgefühlen an eine Erziehungsberatungsstelle wandte.

Über fast zwei Jahre war ich hier im Kontakt und in regelmäßigen Gesprächen. Zu Beginn mehrmals, im Verlauf dann nur noch einmal pro Monat. Es half mir sehr, auch wenn es sich zu Beginn nicht gleich so anfühlte. Ich konnte erzählen und hatte jemanden „vom Fach" vor mir, welcher mir empathisch zuhörte, mit mir gemeinsam sortierte, ordnete und Lösungen suchte. Immer klarer wurde der dominante negative Einfluss der äußeren Bedingungen auf unsere Mutter-Kind-Beziehung und ich konnte so zunehmend klar und frühzeitig erkennen, was zu diesen eskalativen Zuspitzungen führte. Auch wenn es lange dauerte, bis ich hier hilfreich dagegen steuern lernte und auch wenn es sicher eine Mischung aus positiven Veränderungen der Rahmenbedingungen, innerer Arbeit und Zeit war, so wurden die Wutausbrüche weniger und verloren an Heftigkeit.

In all den Jahren teilten wir auch viele schöne Erlebnisse mit wundervollen, freudigen, tief berührenden und witzigen Momenten. Aber davon ist die mediale Landschaft bereits recht voll. Von den aufwühlenden Schattenseiten der frühen Mutterschaft eher weniger. Und diese spielten lange Zeit eine Rolle in meinem Leben, spitzten sich durch die Umstände zu und waren besonders schambehaftet, da ich „trotz meiner Situation alles gut schaffen wollte". Ich würde heute sogar sagen: vielleicht umso mehr. Im Alltag war ich die ersten drei Jahre überwiegend erschöpft und oft am Kämpfen um existenzielle Belange, sodass es für präsente und liebevolle Aufmerksamkeit im Spielen, Weltentdecken und für sozialen Austausch nur begrenzt reichte. Irgendwo las ich in dieser Zeit, dass bereits 20–30 Minuten präsente Zeit mit dem Kleinkind am Tag reichten, um eine gute Bindung aufzubauen. Diese Größenordnung begleitete mich lange und war mir Halt und Orientierung, so komisch das vielleicht klingt. Sie half mir, mich in dieser Zeit überhaupt ernsthaft für gemeinsames Spiel und tiefe Begegnung zu öffnen. Es war eine Größenordnung, die mir machbar erschien und mich von dem Druck des „nicht Genügens" ein Stück weit befreite.

Wie jede Beziehung muss auch die zum eigenen Kind erst aufgebaut werden. Nur weil ich meinen Sohn in mir gedeihen ließ, auf die Welt brachte, gestillt und getragen habe, heißt das nicht, dass ich ihn in allen Aspekten kenne. Auch das gehört für mich in den Bereich des „Mütter-Mythos", dass man instinktiv wisse, was das eigene Kind fühle, brauche usw. Auch wenn ich oft ein grundlegendes Empfinden und einen gewissen Instinkt zu haben meine, überrascht mich mein Sohn immer wieder und entwickelt sich von Woche zu Woche zu einem immer komplexeren, eigenständigen Wesen, welches ebenso kennengelernt werden will, Kompromissbildungen und Kommunikationskultur verlangt, wie jeder andere Mensch. Der Satz: *„Das ist doch klar, als Mutter weiß man sowas!"*, hat sich für mich oft als falsch, oder zumindest unzureichend erwiesen. Auch die „von Natur aus vorhandene bedingungslose Mutterliebe" gehört zu diesem Mythos. Heinicke findet auch hier einen treffen Ausdruck: *„Es heißt immer, Mutterliebe wäre die einzige bedingungslose Liebe der Welt. Das stimmt so nicht. Ich kenne ehrlich gesagt keine andere Liebe, die an so viele Bedingungen geknüpft ist, wie die Mutterliebe – sie selbst ist eine Bedingung, nahezu ein gesellschaftlicher Imperativ".*[18] Genauso empfand ich es, als Imperativ. *„Du musst dein Kind doch in allen Aspekten und unter allen Bedingungen lieben!"*, sagte ich mir immer wieder und fragte mich, woher dieser unglaubliche Druck, der meine Selbstabwertung noch vergrößerte und dem Beziehungsaufbau nicht zuträglich war, stammte. *„Das Ideal der Mutterliebe ist erschaffen worden, um bestehende Machtgefälle zu legitimieren. Und um die gesellschaftspolitischen und ökonomischen Missstände, die aus diesen Machtgefällen resultieren, zu vertuschen. Im kapitalistischen Patriarchat bedeutet das vor allem die Sicherung des Vermögens und, damit einhergehend, die Herrschaft weniger (...) Männer – auf dem Rücken von Sorgearbeitenden (...)"*, beantwortet Heinicke meine Frage.

Für mich bedeutet die Beziehung zu meinem Kind definitiv größte Energieinvestitionen und ein weniger emotional aufgeladenes Mutterideal hätte mir in der Tat in vielen Momenten mit meinem Kind den Druck genommen und meiner Gesundheit gutgetan. Um Missverständnisse zu minimieren, möchte ich an dieser Stelle deutlich sagen, dass ich mein Kind sehr liebe, dennoch hätte eine realistischere Betrachtung dieser Bindung vielen Verkrampfungen auf dieser Ebene entgegengewirkt. Jeder beziehungserfahrene Mensch mit etwas Tiefgang weiß, wieviel Arbeit eine starke Beziehung benötigt. Warum sollte es mit dem eigenen Kind anders sein? Wenn die Energie durch viele Dinge im Außen absorbiert wird, vor allem Existenzgefährdendes wie Gesundheit, Wohnen und Finanzen, fehlt sie an dieser Stelle. Und manchmal reicht die Kraft einfach nicht mehr. Ich war oft an dem Punkt und bin nicht auf all meine Überlastungsreaktionen stolz, aber ich will ehrlich sein. Bis heute müssen wir immer wieder neu lernen, miteinander umzugehen und ich finde, durch die dauernd herrschende Dualität aus „nur" uns beiden, ist es oft wie in einem Brennglas. Dadurch haben wir aber auch viel über den gelingenden Umgang miteinander gelernt, nicht zuletzt die Kraft einer von Herzen kommenden Entschuldigung oder humorvollen Betrachtung. Brown bestärkt mich in meinem emotionalen Zugang zum Leben als Mutter mit ihrer Forschung zur Verletzlichkeit. Sie formuliert klar, dass Verletzlichkeit zeigen im Hinblick auf vielseitige emotionale, geteilte Augenblicke innerhalb der Familie sowohl uns als auch unsere Kinder prägt und zu einem Leben aus vollem Herzen befähigt.[19] Und „vielseitig" bedeutet nicht nur positive, sondern auch schwere Gefühle.

Als um den dritten Geburtstag herum endlich ein wichtiger Meilenstein in den Rahmenbedingungen geschafft war und wir eine eigene schöne Wohnung, eine liebevolle neue Kita sowie ich einen guten Job an Land gezogen hatten, löste dies viele Spannungen. Wir hatten Raum für uns, für individuelle Entfaltung, Ruhe. Wir konnten zum ersten Mal überhaupt anfangen uns in unserem Familienleben einzufinden. Und je mehr wir zur Ruhe kamen und ich wieder ein Gefühl von Sicherheit, Verlässlichkeit, Stabilität und Freiheit verspürte, umso besser wurde unsere Beziehung. Unzählige Male hat sich der Satz: *„Wenn es der Mutter (den Eltern) gut geht, geht es dem Kind gut"*, als wahr erwiesen. Besonders in den ersten Lebensjahren ist das Zuhause des Kindes vor allem das Gegenüber. Es geht nicht darum, viel zu besitzen, ein schickes Zimmer zu haben usw. Äußeres ist zweitrangig. Wichtig sind die Geborgenheit und Sicherheit in den Armen und Nähe der Mutter.

Die Beziehung kann nicht gesund wachsen, wenn es der Mutter überwiegend schlecht geht. Und hier braucht es oftmals vielschichtige Hilfe, auch schon unter „normalen" Bedingungen. Ich sehe dieses „Hilfe-Brauchen" mittlerweile als Chance auf liebevolles, manchmal auch pragmatisches Miteinander mit einem weiten Kreis an Menschen. Ich glaube nicht, dass ich dies in einer solch bereichernden Form aufgebaut hätte, wenn ich nicht alleinerziehend geworden wäre. Obwohl ich mir sicher bin, dass wir das als Menschen alle brauchen. Demnach hat das Thema „Beziehung zum Kind" in meinen Augen stark mit dem Thema Beziehung zu mir selbst zu tun. Ich bin der Motor im Kern meiner Familie. So stark mich dies zu Beginn überforderte und erschöpfte, so sehr beginne ich mittlerweile die Kraft darin zu sehen. Ich muss dafür aber eine differenzierte und lebendige Beziehung mit mir führen, Bedürfnisse spüren, wahrnehmen, kommunizieren und danach handeln. Dann kann Wunderbares entstehen.

Mit all meinem Ringen, meinen Unvollkommenheiten und meiner „Motorkraft" hoffe ich, dass ich meinem Sohn ein gutes Vorbild und eine starke Hand bin, an welcher er gesund heranwachsen kann. Auf einiges bin ich wie erwähnt nicht stolz, auf anderes schon. Ich hoffe, dass er einmal spürt und versteht, dass ich mein Allerbestes gegeben habe. Und das bedeutet leider nicht perfekt, sondern mein mir Menschenmögliches. Wo es zu Verletzungen geführt hat, tut es mir unendlich leid und wo ich zu Wachstum und Freude beigetragen habe, bin ich erfüllt und froh. Unsere Beziehung ist vermutlich wie die Menschheitsgeschichte: wild, irrend, intensiv, freudvoll, euphorisch, experimentell, verletzend, aufregend, zart, spannungsreich und vieles mehr. Alle Gefühle sind darin enthalten. Hier immer wieder eine konstruktive Balance herzustellen, bleibt wohl lebenslange Aufgabe. All diese Gefühle im Rahmen der Mutterschaft zu fühlen, ob gesellschaftlich akzeptiert oder nicht, betitelt Heinicke als „grundfeministischen Akt"[17] – wenn das nicht ein weiterer vitalisierender Grund ist, sich all den emotionalen Facetten Tag für Tag neu zu stellen.

15. MEIN NEUES ICH

Einbruch – Umbruch – Aufbruch – Inmitten einer wundervollen Reise

*„Ich bin froh, an diesen Punkt gekommen zu sein.
Alles ist weit offen."*

Dieser Satz, steht auf einem kleinen Zettel, den ich in mein Tagebuch gelegt habe. Ich habe ihn schon vor Jahren darauf gekritzelt, wenige Monate nach der ersten Trennung, und irgendwann fiel er mir zufällig in die Hände, als ich meinen Rucksack aufräumte. Da lag der Zettel zerknittert, aber noch lesbar am Grund der Tasche. Diese beiden Sätze berührten mich so sehr, dass mir die Tränen in die Augen traten. Seitdem ist er das Lesezeichen in meinem Tagebuch. Er erfüllt mich bis heute immer wieder mit positiver Kraft und Erstaunen. Kraft: weil er das Empfinden positiver Veränderungen und neuer Möglichkeitsräume benennt. Erstaunen: weil er mir zeigt, dass ich bereits in der Zeit nach der ersten Trennung das Potential meines „neuen Status" empfand, trotz all der noch heftig in mir tobenden Kämpfe. Er ist heute so wahr wie damals und führt mir meine unglaubliche Vitalität und meinen Drang zum Leben vor Augen. Sogar jetzt, wo ich diese Zeilen schreibe, steigen mir ein paar Tränen auf. Es ist erstaunlich, was etwas scheinbar so Kleines an großer Energie freisetzten kann. Eine Erfahrung, die ich unzählige Male in den letzten Jahren gemacht habe und die in all ihrer scheinbaren Banalität kostbar ist: Kleine Schritte/Impulse/Gefühle/Gesten/Wahrnehmungen können ein Leben verändern. Und das beginnt häufig innerlich. So erlebe ich es.

Über viele einzelne Stufen stehe ich heute in einer nie dagewesenen Selbstbewusstheit und Authentizität inmitten dieses Lebens. Umgeben von wiederkehrendem Chaos im Großen wie im Kleinen. Die Fähigkeit zur Selbstanbindung, Abgrenzung und zu Selbstmitgefühl war nie stärker als jetzt. Wenn ich zurückblicke auch auf die Zeit bevor ich Mutter wurde, ja bis zurück in meine Jugend, habe ich mich immer wieder nach solch einem Gefühl und Selbsterleben gesehnt. Auch wenn ich mir sehr gewünscht hätte, dass es nicht durch einen so schmerzhaften Prozess geschehen muss wie den der plötzlichen Trennung mit Baby, so sehe und vor allem spüre ich hier und jetzt, wo ich diese Zeilen schreibe, all die enorme Lebenskraft aus mir selbst heraus, welche dadurch freigesetzt wurde. Es hat mir alles abverlangt und viel Zeit benötigt, um an diesen Punkt zu gelangen, aber ich bin stolz, froh und erfüllt an dieser Stelle meines Lebens, trotz allem Schmerz und einiger grauer Haare mehr.

Die letzten Jahre kommen mir vor wie ein Leben unter dem Brennglas, wahnsinnig intensiv und voller Ereignisse. Daraus sind mir viele Erkenntnisse erwachsen, die auf anderem Nährboden sicher nicht gewachsen wären. Das Zentrale dabei ist, dass diese Erkenntnisse im wahrsten Sinne des Wortes nicht durch ein bloßes Lesen und rationales Verstehen gewachsen sind, sondern durch das vollumfängliche Erleben bis hinein in meine kleinsten Körperzellen. Dieser Weg ging auch über das mich in Geduld üben, Loslassen von festen Vorstellungen, Annehmen von Unterstützungsangeboten, Nutzen von vorhandenen Ressourcen, Einstehen für meine Werte und Bedürfnisse und letztlich vollumfänglicher Übernahme der Verantwortung für mein Leben. Dieser Prozess dauert bis heute an und entwickelt sich ebenso weiter wie mein Kind. Es ist ein sich ständig im Wandel befindender Prozess. Je mehr ich loslasse und mich flexibel den Veränderungen hingebe, umso klarer und stärker finde ich mich paradoxerweise selbst darin wieder. Es hat damit zu tun, mich selbst in meinem Sein zuzulassen. Und dies beinhaltet in hohem Maße zunächst das Annehmen und dann auch Ausdrücken meiner Gefühle und Bedürfnisse.

Es hat auch bis heute etwas mit dem ehrlichen Hinsehen und Hinspüren zu tun. Denn im Rückblick stelle ich immer wieder fest, wie sehr ich einer Traumvorstellung von Familien-, Partner- und Mutterideal anhing und mein Außen und mich selbst danach versucht habe „umzuformen" und „schön zu malen". Und so viel dies zum einen Teil sicher auch mit meinem Gegenüber, medial verzerrten Bildern und patriarchalen Strukturen zu tun hatte, so sehr hatte und hat es mit mir selbst zu tun. Es gibt den Satz: *„Man schlägt hart auf dem Boden der Tatsachen auf"*, ich verstehe ihn heute besser denn je. Und wie gesagt, so sehr ich mir gewünscht hätte, dass es auf anderem Weg dazu gekommen wäre, so sehr schätze ich heute den Wandel von einem Idealbild, auch meiner selbst, hin zu einem Realbild, welches oftmals kantig, unharmonisch und ungemütlich daherkommt, andererseits aber Erdung und Aufrichtung mit sich bringt. Als positive Konsequenz daraus empfinde ich immer wieder ehrliche Freude, Stolz, Mut und Leichtigkeit.

Streit, Erschöpfung, Überforderung und all die zunächst als negativ empfundenen Gefühle gehören immer noch zu unserem Alltag. Aber eben auch Mut, Freude, Wertschätzung, Liebevolles und all das oben Genannte. Das ist mir am Ende des Buches nochmal wichtig hervorzuheben. Jeden Tag bin ich mehrfach wütend, motzig, unzufrieden usw. Es ist nicht alles „der Oberknaller" – aber es gibt viel mehr Facetten in allen Gefühlen, mehr Annahme der Situationen, meiner Selbst und meines Kindes und es gibt Zuversicht, dass wir ein gutes, erfülltes Leben haben werden, Flexibilität hinsichtlich all der ambivalenten Lebensprozesse und ein Gefühl von Freiheit in nie dagewesener Größe. Nie würde ich mir diesen Weg so bewusst selbst aussuchen, aber nach all den Jahren kann ich doch erkennen, wie großartig ich daran gewachsen bin und wieviel Heilungspotential weit über mein eigenes Ich darin liegt. Daher will ich gegen Ende des Buches einen Weisheitsspruch meiner Ur-Urgroßmutter zitieren, welche Krieg, Vertreibung und vielerlei Schmerz ertragen musste und welcher mir in den letzten Jahren immer wieder zu Herzen ging: *„Es ist selten ein Schaden, wo nicht letztendlich ein Nutzen daraus erwächst."* Es ist ein Satz, der mir ebenso viel Kraft gibt und eine ähnliche Energie besitzt, wie der kleine Zettel, von welchem ich zu Beginn des Kapitels schrieb.

Die letzten Jahre haben mich auf viele sowohl in mir liegende als auch auf gesamtgesellschaftliche Strukturschwächen und Ungereimtheiten stoßen lassen und in mir zu einem Erwachen geführt, welches viel Lebendigkeit und emotionale Tiefe mit sich brachte. Einiges empfinde ich mittlerweile als glückliche Fügung, anderes als Ungerechtigkeit. Manches liegt in meiner eigenen Hand, anderes in den Händen anderer. Was mir, egal wie die Reise weiter geht, bleibt, ist die Erfahrung in der Lage zu sein, mich aus einem tiefen Abgrund herauszuziehen – und nicht nur mich, sondern auch mein Kind. Und nicht nur „herauszuziehen", sondern gestärkt den weiteren Weg zu gestalten. Immer wieder stelle ich mit Erstaunen fest, wie gut ich trotz allem in der Lage war und bin, meinem Sohn ausreichend Geborgenheit, Sicherheit und Liebe zu schenken, damit er sich so gesund entwickelt, wie er es tut. Das ist eine große und wunderbare Kraft. Es ist die Kraft, die zum Leben führt, trotz aller Widrigkeiten. Es ist der Motor, der nicht aufgibt, auch wenn es unmöglich scheint. Es ist die Energie, die den Löwenzahn durch die dickste Betonschicht brechen lässt. Und diese Kraft steckt nicht nur in mir, sondern auch in meinem Kind.

Plötzlich berühren mich all die altbekannten Sätze wie: *„Am Ende des Tunnels ist immer Licht", „Wenn eine Tür sich schließt, öffnet sich eine neue"* und *„Manchmal muss man im tiefen, dunklen Wasser bis auf den Grund sinken, um sich kraftvoll nach oben abstoßen zu können."* Genau in diesem Moment, wo ich diese Sätze schreibe und fühle, merke ich, dass ich den Weg der Heilung in großen Schritten gehe. Erst heute Morgen bin ich wieder über den Stein der Lethargie und des Zynismus gestolpert, aber jetzt spüre ich ebenso inneres Gleichgewicht, Hoffnung und Freude. Und bei all dem fühle ich mich in mir sehr frei. Ich bestimme selbst, wie und wohin ich meine Schritte lenke und, trotz aller immer noch vorhandener natürlicher und menschengemachter Grenzen, empfinde ich eine große Gestaltungsfreiheit in meinem Leben. Die Reise geht weiter. Nach allem, was war, empfinde ich endlich wieder Lust auf den vor mir liegenden Streckenabschnitt. Mein Rucksack ist gepackt, ich atme tief und ruhig, schaue nach vorne und nehme die kleine warme

Hand meines Sohnes. Ich fühle mich aufgeweckt, gespannt, neugierig, vorsichtig, zuversichtlich, freudig, skeptisch, entschlossen, weich, motiviert, stark, liebevoll und ... bereit. Wir gehen los.

*»Wenn sich Schmetterlinge verwandeln,
sind sie in der Lage,
Orte zu erkunden und zu erreichen,
die sie als Raupen nicht erkunden konnten.
Es ist ein wunderbarer Prozess,
bei dem sie sich im Grunde neu erfinden.«*

Katy Prudic [10]

16. MEINE ARBEIT FÜR DICH

Meine Arbeit für dich ist bislang vor allem dieses Buch mit allen Gefühlen, Gedanken und hineingesteckter Herzensenergie.

Auf meinem Weg haben mich viele Menschen, Gedanken aber auch Formalitäten unterstützt, ohne welche ich heute nicht an diesem Punkt stehen würde. Daher möchte ich an dieser Stelle hilfreiche Quellen aufführen, die mich kraftvoll durch verschiedene Phasen begleitet haben. Damit du eine grobe Übersicht und Struktur hast, gliedere ich sie in Bücher, Podcasts und Websites/Channels. Natürlich hat mich zudem vieles „Kleine" zwischendurch auch berührt, bewegt und inspiriert, von welchem ich nicht mehr weiß oder was sehr speziell auf mich zutraf. Das führe ich nicht mit auf. Aber die großen „Gamechanger" wie man es aktuell sagt, möchte ich auflisten, vielleicht inspiriert dich etwas und öffnet dir den Weg zu weiteren relevanten Inhalten. Denn es ist klar, beginnt man an einer Schraube zu drehen, bewegen sich andere mit.

Bücher

1. **Lebenswerk. Über das Mutterwerden**, von Rachel Cusk, Suhrkamp, 2019

2. **Stark und alleinerziehend. Wie du der Erschöpfung entkommst und mutig neue Wege gehst**, von Alexandra Widmer, Kösel, 2016

3. **Aus dem Bauch heraus. Wir müssen über Mutterschaft sprechen**, von Jana Heinicke, Goldmann, 2022

4. **Verletzlichkeit macht stark. Wie wir unsere Schutzmechanismen aufgeben und innerlich reich werden**, von Brené Brown, Goldmann, 2017

5. **Trennt euch!**, von Thomas Meyer, Diogenes, 2017

6. **Die kleinste Familie der Welt. Vom spannenden Leben allein mit Kind**, von Bernadette Conrad, btb, 2016

7. **So viel Freude, so viel Wut. Gefühlsstarke Kinder verstehen und begleiten**, von Nora Imlau, Kösel, 2018

8. **Kriegsenkel. Die Erben der vergessenen Generation**, von Sabine Bode, Klett-Cotta, 2013

9. **Eine neue Erde: Bewusstseinssprung anstelle von Selbstzerstörung**, von Eckhard Tolle, Goldmann 2005

10. **Trauern. Phasen und Chancen des psychischen Prozesses**, von Verena Kast, Kreuz, 2013

11. **Madame Moneypenny. Wie Frauen ihre Finanzen selbst in die Hand nehmen können**, von Natascha Wegelin, Rowohlt, 2018

12. **Rich Dad, poor Dad. Was die Reichen ihren Kindern über Geld beibringen**, von Robert T. Kiyosaki, Finanzbuch, 2011

13. **Souverän investieren mit Indexfonds und ETFs: Wie Privatanleger das Spiel gegen die Finanzbranche gewinnen**, von Gerd Kommer, Campus, 2018

14. **Kakeibo. Die japanische Kunst des Geldsparens**, von Fumiko Chiba, Lübbe, 2017

15. **Finanzplaner Alleinerziehende. Geld und Recht: Das steht Ihnen zu**, von Christine Finke, Stiftung Warentest Finanztest, 2019

16. **Die letzten Tage des Patriarchats**, von Margarete Stokowski, rororo, 2021

17. **Untenrum frei**, von Margarete Stokowski, rororo, 2016

18. **Alice Schwarzer, Simone de Beauvoir. Weggefährtinnen im Gespräch**, KiWi, 2007

19. **Der Ursprung der Welt**, von Liv Strömquist, Avant, 2017

20. **Allein, alleiner, alleinerziehend: Wie die Gesellschaft uns verrät und unsere Kinder im Stich lässt**, von Christine Finke, Lübbe, 2016

21. **Mütter. Macht. Politik. – Ein Aufruf!**, von Sarah Zöllner und Aura-Shirin Riedel, Magas Verlag, 2020

22. **Zart besaitet**, Georg Parlow, Festland, 2017

23. **Alleinerziehend auf der sicheren Seite. Der einzige Rechts- und Finanzratgeber, den du für euch brauchst**, von Silke Wildner und Otto N. Bretzinger, Akademische Arbeitsgemeinschaft, 2024

Podcasts

1. **Das AE-Team – Der positive Podcast für Alleinerziehende** und solche die es werden (wollen), von Sina Wollgramm und Silke Wildner

2. **The circle of wonderwomen**, von Daniela Batista Dos Santos

3. **Der Madame Moneypenny Podcast**, von Natascha Wegelin

4. **Ein gutes Gespräch – der Podcast**, von Birte Filmer

Websites / Channels

1. **Blog Gut alleinerziehend – Hilfe für Alleinerziehende**, von Silke Wildner, gut-alleinerziehend.de

2. **Mütterinitiative für Alleinerziehende**, die-mias.de

3. **Verband alleinerziehender Mütter und Väter**, vamv.de

4. **finanzfluss.de**, von Thomas Kehl

5. **Finanzen kannst Du selbst - wir zeigen Dir wie!**, finanztip.de

6. **Mindful Money – Youtube**

7. **fairfuerkinder.de**

8. **mama-arbeitet.de**, von Christine Finke

9. **Yoga-Channel**, vor allem die Yin-, Slow- und Abendeinheiten fand ich hilfreich, um Entspannung und Selbstanbindung zu finden: youtube.com/@madymorrison

Wenn du meinen Gedanken und Gefühlen zwischen Eindruck und Ausdruck über dieses Buch hinaus folgen möchtest, schau gerne auf meinem Instagram Kanal vorbei:
◎ Instagram: instagram.com/sonya_maien/

Ich freue mich auf deinen Besuch.

Nachwort

In diesem Moment, in welchem ich das Nachwort verfasse, stelle ich fest, wie sich allein in den letzten eineinhalb Jahren, in welchen ich dieses Buch schrieb, erstaunlich viel im Außen aber vor allem in meinem Inneren gewandelt hat.

Ich war die letzten Tage immer wieder versucht, einige Stellen zu relativieren und harmonisch klingender „auszubessern". Daran erkenne und spüre ich, wie viel sich in meinem Leben zwischenzeitlich weiter beruhigt hat und wieviel stabiler, selbstbewusster und stärker ich mich heute fühle. All die bis hierhin beschriebenen Prozesse haben unter anderem dazu beigetragen, dass ich heute so empfinden kann.

Das Leben ist ein beweglicher Prozess, der nie endet. Es geht weiter. Dass mein Leben eine zunehmend positive, konstruktive Richtung einschlägt, ist vielerlei Ressourcen in meinem Innern und Äußeren zu verdanken und gerade jetzt, wo ich hier sitze, berühren mich diese Gedanken sehr. Es lässt mich dankbar sein für vieles, nicht zuletzt all jene Menschen, welche mir in den letzten Jahren zur Seite standen, mir Mut und Halt waren und mir Hoffnung gaben, als ich keine mehr hatte. Ihr seid allesamt wunderbar! Auch mir selbst gegenüber empfinde ich diese Dankbarkeit, weil ich heute mehr denn je sehe, wie sehr ich über mich hinausgewachsen bin und es hat maßgeblich auch mit mir selbst zu tun, dass ich all die vorhandenen Ressourcen, seien es nun materielle Dinge, angebotene Hilfe oder Herzenswärme, angenommen habe und mich dabei immer wieder neu meiner eigenen Verletzlichkeit öffnete. Das ist eine emotional sehr bewegende und befreiende Erfahrung.

So schließe ich nun den Schreibprozess dieses Buches trotz weitergehender Prozesse ab, in einem Leben, das nie wirklich abgeschlossen ist und dem Gefühl, dass sich in mir immer wieder neue Bruchstücke zusammensetzten und Veränderungen bewirken werden.

Und trotz dem daraus resultierenden eigentümlichen Gefühl etwas abzuschließen was eigentlich noch weiter geht, setze ich hier einen Punkt, betrachte die entstandene Form und nehme es wertschätzend an, wie es jetzt gerade ist.

Danksagung

Danke aus tiefstem Herzen allerliebste, kunterbunte Familie! Mit euch erlebe ich Tag für Tag, was „Über-Sich-Hinauswachsen", „Füreinander-Da-Sein" und Gemeinschaft trotz Diskrepanzen bedeuten kann.

Danke dir mein lieber kleiner Sohn, der mich täglich so viel über das Leben und mich selbst lehrt und mir eine Welt zeigt und eröffnet, für welche ich unendlich dankbar bin. Es ist wunderbar, dass es dich gibt und du mein Leben in nie dagewesener Tiefe mit jedem deiner Atemzüge bereicherst.

Danke aus vollem Herzen an die besten Freunde und Herzensmenschen! Was für ein Geschenk, euch in meinem Leben zu haben, mit euch zu weinen, zu lachen, die ehrlichsten Gedanken auszutauschen, wütend zu sein, Verrücktes, Freude und so viel mehr zu teilen.

Danke liebe, motivierende, schaffensfrohe Silke! Du hast mir immer wieder Mut gegeben dieses Buch zu schreiben und Ausdruck zu finden. Mit deiner Arbeit an gut-alleinerziehend.de gehst du mir und so vielen anderen Alleinerziehenden kraftvoll voran.

Danke mit all meiner Herzkraft all den Menschen, die anderen aufrichtig in Not helfen und rückhaltlos beistehen. Auch wenn meine Geschichte eine kleine sein mag unter all den vielen lebensverändernden Geschichten auf dieser Erde, so habe ich in ihr doch erleben dürfen, was es heißt in abgründigen Momenten Rückhalt und Unterstützung zu erhalten. Diese Energie ist unbeschreiblich wertvoll.

*»Es ist das Ende der Welt«, sagte die Raupe.
»Es ist der Anfang!«, sagte der Schmetterling.*

Frei nach Laotse

LITERATURVERZEICHNIS

1 Heinicke, J. (2022). Aus dem Bauch heraus. Wir müssen über Mutterschaft sprechen. München: Goldmann. S. 133

2 Steiner, M. (Regisseur). (2018). Wolkenbruchs wunderliche Reise in die Arme einer Schickse [Kinofilm].

3 Kast, V. (2013). Trauern. Phasen und Chancen des psychischen Prozesses. Freiburg: Kreuz. S. 69–88

4 Aesop. (14. Juli 2023). Projekt Gutenberg DE, von https://www.projekt-gutenberg.org/aesop/fabeln/chap001.html abgerufen

5 Kabat-Zinn, J. (2013). Full Catastrophe Living, How to cope with stress, pain and illness using mindfulness meditation. Penguin Random House.

6 Heinicke, J. (2022). Aus dem Bauch heraus. Wir müssen über Mutterschaft sprechen. München: Goldmann. S. 136

7 Aron, E. N. (2022). Sind sie hochsensibel? München: mvg. S. 10

8 Parlow, G. (2017). Zart besaitet. Wien: Festland. S. 74

9 Brown, B. (2017). Verletzlichkeit macht stark. Wie wir unsere Schutzmechanismen aufgeben und innerlich reich werden. München: Goldmann. S. 95–96

10 Brown, B. (2017). Verletzlichkeit macht stark. Wie wir unsere Schutzmechanismen aufgeben und innerlich reich werden. München: Goldmann. S. 24

11 Brown, B. (2017). Verletzlichkeit macht stark. Wie wir unsere Schutzmechanismen aufgeben und innerlich reich werden. München: Goldmann. S. 83

12 Delforge, H. (2020). Mama, Eine Liebeserklärung an alle Mütter. München: Arsedition.

13 Krollner, B., & Krollner, D. M. (Januar 2024). www.icd-codes.de, von https://www.icd-code.de/suche/icd/code/F32.-.html?sp=SF32 abgerufen

14 Meyer, T. (2018). Trennt euch. Zürich: Diogenes. S. 12, 57

15 Brown, B. (2017). Verletzlichkeit macht stark. Wie wir unsere Schutzmechanismen aufgeben und innerlich reich werden. München: Goldmann. S. 323

16 Novotny, R. (14. Dezember 2023). Der Traum von siebeneinhalb Stunden. Die ZEIT. S. 29–31

17 Heinicke, J. (2022). Aus dem Bauch heraus. Wir müssen über Mutterschaft sprechen. München: Goldmann. S. 206

18 Heinicke, J. (2022). Aus dem Bauch heraus. Wir müssen über Mutterschaft sprechen. München: Goldmann. S. 191

19 Brown, B. (2017). Verletzlichkeit macht stark. Wie wir unsere Schutzmechanismen aufgeben und innerlich reich werden. München: Goldmann. S. 260

20 Langley, L. (12. August 2020). National Geographic. Abgerufen im Juni 2024 von https://www.nationalgeographic.de/wissenschaft/2020/08/von-der-raupe-zum-schmetterling-metamorphose-erklaert

DAS BUCH-TEAM

Christina Rinkl

Lektorin Christina Rinkl unterstützt als Trennungs-Coach Mütter und Väter vor und nach der Trennung. Sie hilft ihnen diese herausfordernde Zeit in Stärke, Klarheit und Selbstbewusstsein zu wandeln.

→ **trennungalschance.de**

Silke Wildner

Autorin, Bloggerin, Podcasterin und Designerin Silke Wildner gründete 2018 „Gut alleinerziehend" mit ihrem gleichnamigen Blog und den beiden Facebook-Gruppen zum Austausch. Darüber hinaus macht sie seit 2020 zusammen mit Sina Wollgramm den Podcast „Das AE-Team – der positive Podcast für Alleinerziehende und solche, die es werden (wollen)" und unterstützt als Mentorin Frauen unabhängig zu sein – mental, beruflich und finanziell.

→ **Blog: gut-alleinerziehend.de**
→ **Instagram: @gutalleinerziehend**
→ **Website: silkewildner.de**

ALLEIN MIT KIND
Unsere Erfahrungen, unsere Learnings, unser Leben!

Diese Buchreihe gibt Einblicke in das echte Leben allein mit Kind/ern.
Diese Bände sind bisher erschienen:

Band 1
Flexibler Umgang nach Trennung von Silke Wildner
gut-alleinerziehend.de

Band 2
Wenn der Tod dazwischenkommt von Inga Krauss
verwitwet-alleinerziehend.de / gerechte-hinterbliebenenrente.de

Band 3
Jobglück für Solo-Mamas – Vom Mut deine eigene Heldin zu sein, von Yvonne Thoben, Instagram: @Gluecksωerkstatt.Coaching

Band 4
Mami macht's einfach – Selbständig im Helferberuf, von Sarah Eyles, saraheyles.de

Band 5
Mut im Bauch – Wenn aus Liebe Leben wird, von Colline Jux, Instagram: @_laroutedelacolline_

Band 6
Getrennt mit Baby – Eine emotionale Reise, von Sonya Mai
Instagram: @sonya_maien

Weitere Bände sind in Planung!

„Allein mit Kind" ist so viel mehr als nur eine Buchreihe!

Wie es ist allein mit Kind zu leben? Die Autorinnen dieser Buchreihe geben jetzt auch online Antworten und echte Einblicke in ihre turbulenten und mutigen Geschichten:

→ ◎ Instagram: @alleinmitkind_community
→ ▉ Facebook: @Allein-mit-Kind-Community

So kannst du bei dieser Buchreihe mitmachen:

Wenn du über deine persönlichen Erfahrungen schreiben und einen Einblick in dein Leben alleine mit einem oder mehreren Kindern geben möchtest und wie es dazu gekommen ist, dann stelle deine Learnings und Erfahrungen für andere Leser*innen bereit. Wir laden dich herzlich dazu ein, diese Buchreihe zu erweitern! Wie das geht, was es kostet und wie der genaue Ablauf ist, das erfährst du von Silke Wildner.

Schreib ihr einfach eine Mail für weitere Infos an:
✉ buch.gut-alleinerziehend@gmx.de

Milton Keynes UK
Ingram Content Group UK Ltd.
UKHW022309221024
449917UK00011B/585